Jochen Gimmel / Tobias Keiling

Konzepte der Muße

Jochen Gimmel / Tobias Keiling

Konzepte der Muße

Unter Mitarbeit von

Joachim Bauer, Günter Figal,
Sarah Gouda, Sylvaine Gourdain,
Thomas Jürgasch, Roman Kiefer,
Andreas Kirchner, Alexander Lenger,
Minh-Tam Luong, Stefan Schmidt,
Michael Vollstädt

Mohr Siebeck

Jochen Gimmel, geboren 1977; Studium der Philosophie, Soziologie und Historischen Anthropologie in Freiburg und Berlin; 2006 MA an der Albert-Ludwigs-Universität; Auslandsaufenthalt in Buenos Aires, Argentinien; 2013 Promotion in Philosophie; Wissenschaftlicher Mitarbeiter im Sonderforschungsbereich 1015 „Muße. Konzepte, Räume, Figuren".

Tobias Keiling, geboren 1983; Studium der Philosophie, Soziologie und des Europa- und Völkerrechts in Freiburg, Basel und Paris; 2009 MA; 2013 PhD am Boston College, USA, und Promotion zum Dr. phil. an der Albert-Ludwigs-Universität; Wissenschaftlicher Mitarbeiter im Sonderforschungsbereich 1015 „Muße. Konzepte, Räume, Figuren".

ISBN 978-3-16-154648-8

Die Deutsche Nationalbibliothek verzeichnet diese Publikation in der Deutschen Nationalbibliographie; detaillierte bibliographische Daten sind im Internet über *http://dnb.dnb.de* abrufbar.

Das Buch wurde von Martin Fischer in Tübingen aus der Stempel Garamond und der Syntax gesetzt, von Gulde Druck in Tübingen auf alterungsbeständiges Werkdruckpapier gedruckt und gebunden.

Vorwort

Dieses Buch entspringt der gemeinsamen Diskussion im Rahmen eines interdisziplinären Forschungsverbunds. Der Text vereinigt deshalb sehr verschiedene disziplinäre Perspektiven und dokumentiert die gemeinsame Arbeit. Dennoch können wir nicht für den Sonderforschungsbereich (SFB) 1015 *Muße. Konzepte, Räume, Figuren* im Ganzen sprechen, da es sich um Aufzeichnungen aus dem Arbeitsalltag handelt, die den Diskussionsstand in einem von drei Projektbereichen, dem Projektbereich „Konzepte", dokumentieren. Weitere Ergebnisse sind von den aus dem SFB hervorgehenden Monographien und anderen Forschungsbeiträgen zu erwarten.

Alle Beiträge verstehen sich als interdisziplinäre Annäherungen und wurden von mehreren Autoren aus unterschiedlichen Fächern gemeinsam verfasst. Die unabgeschlossene Form, die spezifische Offenheit des Textgefüges und der essayistische Charakter des Textes erlauben, das Phänomen Muße in einer Vielzahl von Stimmen zum Sprechen zu bringen. Das Vorläufige und Bewegliche des Dialogs zwischen den Disziplinen soll so Ausdruck finden.

Uns beiden, Jochen Gimmel und Tobias Keiling, kam dabei nicht nur die Aufgabe zu, die Perspektive der Philosophie zu vertreten und die Arbeit aus unseren Teilprojekten einzubringen, sondern auch die redaktionelle Leitung zu übernehmen. Wir danken allen, die als Autorinnen und Autoren und Diskussionspartner Anteil an dieser Publikation hatten.

Freiburg, im Juni 2016

Jochen Gimmel
Tobias Keiling

Inhaltsverzeichnis

1. Einleitung

Wer heute über Muße nachdenkt, sucht oft eine Alternative zu der durch Arbeitsteilung, Beschleunigung und Entgrenzung gekennzeichneten Arbeitswelt. Arbeit, die Menschen an die Grenzen körperlicher und mentaler Leistungskraft bringt, führt nicht nur individuell zur psychophysischen Erschöpfung, sondern prägt darüber hinaus eine Gesellschaft, deren Merkmale Rastlosigkeit und Unruhe sind.[1] Die rastlose Betriebsamkeit, die immer wieder als Charakteristikum der modernen Lebenswelt angeführt wird[2], betrifft aber nicht bloß das Erwerbsleben. Vielmehr scheint der gesamten Lebensführung die Muße zu fehlen.

Menschen, die sich dieser Umtriebigkeit nicht mehr entziehen können und keine Form finden, zur Ruhe zu kommen, verlieren nicht nur ihre psychische und körperliche Gesundheit, sondern auch eine wesentliche Voraussetzung freier Selbstbestimmung.[3] Eine Moderne, die Arbeit nicht als Mittel zu einem guten Leben versteht, sondern Produktivität und Leistung zum Selbstzweck erklärt, nimmt den Menschen die Fähigkeit, innezuhalten, Krisen zuzulassen und sich,

[1] Vgl. zuletzt etwa Ralf Konersmann, *Die Unruhe der Welt*, Frankfurt a.M. 2015.

[2] Vgl. Hartmut Rosa, *Beschleunigung. Die Veränderung der Zeitstrukturen in der Moderne*, Frankfurt a.M. 2005; Byung-Chul Han, *Müdigkeitsgesellschaft*, Berlin 2015.

[3] Zum Zusammenhang von Gesundheit und Arbeit vgl. Joachim Bauer, *Arbeit. Warum unser Glück von ihr abhängt und wie sie uns krank macht*, München 2013.

angesichts dieser Krisen, wieder ihrer selbst zu vergewissern. Sie erlaubt es nicht, nachdenklich zu werden.[4] In dieser historischen Situation und kulturellen Ordnung zu leben, kann das Gefühl wecken, sich den Zwängen der Leistungsgesellschaft und der Herrschaft produktiven Zeitmanagements unterordnen zu müssen und an diese die eigene Freiheit zu verlieren. Dieser Missstand wiederum weckt häufig den Wunsch danach, anders zu leben. Das Andere, durch das dieses Leben bestimmt wäre, kann die Muße sein.

Muße stiftet die Möglichkeit eines wachen Innehaltens, eines reflektierenden Zu-Sich-Kommens, einer Selbst-Vergewisserung und – als Konsequenz daraus – die gesteigerte Möglichkeit der Selbstbestimmung oder ‚Selbststeuerung'.[5] Muße ist dann gleichbedeutend mit einem Erfahrungs*raum*, in dem das Diktat einer getakteten, drängenden Zeit zumindest vorübergehend aufgehoben ist. Die Suche nach einem Innehalten im umtriebigen Alltag, die Hoffnung auf einen Freiraum zur Selbstfindung und Selbstvergewisserung kann sich deshalb als Wunsch nach Muße artikulieren. Treffend fasst dies ein Artikel in einem Konversationslexikon des 19. Jahrhunderts zusammen, in dem Muße als Möglichkeit der „Sammlung des Geistes für einen bestimmten, reellen Lebenszweck u. zu einem der eigenen Neigung zusagenden Geschäft" bestimmt wird.[6] Dieses Versprechen auf bewusstes und selbstbestimmtes Leben macht die besondere Anziehungskraft der Muße aus.

---

[4] Zu einer Haltung der Nachdenklichkeit vgl. Hans Blumenberg, „Nachdenklichkeit. Dankrede", in: *Jahrbuch der deutschen Akademie für Sprache und Dichtung* (1980), 57–61.

[5] Vgl. Joachim Bauer, *Selbststeuerung. Die Wiederentdeckung des freien Willens*, München 2015.

[6] Vgl. dazu Tobias Keiling, „Glossar: Muße", http://mussemagazin.de/?p=546 (abgerufen am 23.10.2015).

Als das ‚Andere der Arbeit' ist Muße jedoch nur negativ und unzureichend bestimmt, denn nicht jede arbeitsfreie Zeit ist per se Muße. Wäre Muße arbeitsfreie Zeit, so könnte sie auch durch Konsumautomatismen, suchtartige Verhaltensweisen, durch geistige Abwesenheit, durch mentale Dissoziation und Zerstreuung gekennzeichnet sein. Aber von all dem ist Muße ebenso weit entfernt wie von Arbeit. In der Dialektik von Arbeit und arbeitsfreier Zeit zeigt sich vielmehr eine Polarisierung von entfremdeter Arbeit und Geschäftigkeit einerseits und womöglich nicht weniger besinnungsloser, durch Konsum und konventionelle Verhaltensautomatismen gekennzeichneter Freizeit andererseits. Diese Dialektik lässt aber das Spezifische der Muße eher unverständlicher werden, als dass es sich dadurch fassen ließe.

Zudem ist der Komplex von Arbeit und Freizeit nicht weniger einer historischen Entwicklung unterworfen als die Muße selbst. Jede Möglichkeit von und jedes Verständnis für Muße ist an spezifische kulturelle Ordnungen und historische Bedingungen gebunden. So findet sich die auf den ersten Blick wirkmächtigste Beschäftigung mit dem, was wir heute Muße nennen, in der antiken griechischen Kultur. Aber unsere modernen Begriffe von Arbeit, Freizeit und Muße lassen sich auf diese kulturelle und gesellschaftliche Ordnung nicht ohne Weiteres übertragen. Diese *historische Bedingtheit* macht es schwierig, direkt zu sagen, was Muße ist. Doch gerade in der historischen Kontextualisierung und dem Vergleich verschiedener Thematisierungen der Muße eröffnen sich der Forschung auch fruchtbare Zugänge, um sich dem Gegenstand Muße jenseits des eigenen Vorverständnisses anzunähern.

Muße-ForscherInnen tritt ein Phänomen vor Augen, das sich in großer Varianz und Vielschichtigkeit präsentiert. Um einen Vorbegriff von Muße zu formulieren, ist es deshalb ratsam, zunächst vom alltäglichen Gebrauch des Wortes auszugehen: wenn man sagt, man habe ‚endlich wieder einmal Muße', etwas zu tun, oder man habe die Möglichkeit gehabt, etwas ‚in Muße zu tun'. Folgt man diesem Sprachgebrauch, so ist Muße die Möglichkeit, etwas in besonders sachgemäßer Weise zu tun. *Muße und Handeln* stehen also nicht in einem Gegensatz zueinander, so als hieße, in Muße zu sein, nichts zu tun.

Das aber führt zu der Frage, was es ist, das man in Muße tun kann. Bedenkt man, welche Situationen mit dem Wort ‚Muße' assoziiert werden, so fallen einem recht unterschiedliche Tätigkeiten ein: vielleicht das Lesen im Garten; oder das Gärtnern selbst; der Museumsbesuch; das Grillfest; Musikhören; Fußballschauen; Beten; Tanzen; Briefmarkensammeln; Reisen; Wandern; Malen; Schreiben; in den Himmel gucken; Meditieren; Handwerken; Nachdenken; konzentrierte, versunkene, beglückende Arbeit.

Die Streuung der oben angesprochenen Phänomene zeigt schon an, wie schwierig es ist, einen Aspekt anzugeben, der allen diesen Tätigkeiten gemein ist und sie als ein Tun in Muße auszeichnen würde: Denn das Erleben von Muße ist bei all diesen Tätigkeiten *kontext-* und *funktionsabhängig*. Eine Reise etwa kann anstrengend und so alles andere als eine Muße-Erfahrung sein; Ähnliches gilt vom kreativen und wissenschaftlichen Schreiben unter Druck; Musikhören kann Ausdruck individuellen Geschmacks sein oder unter Anpassungsdruck stehen und aus habitualisiertem Konsumzwang geschehen; während ein Fest für Gäste eine gesellige Angelegenheit sein mag, bedeutet es für den Catering-Service Arbeit.

Sieht man genauer hin, wird die Situation noch vertrackter. Denn in unseren Vorüberlegungen ist der *historischen und kulturellen Variabilität* des Begriffs und des Phänomens noch keine Beachtung geschenkt worden. Deshalb muss man sich genauer mit den Bestimmungsmomenten beschäftigen, wie sie an einem jeweiligen (historischen) Beispielfall deutlich werden. Jeweils muss sich angeben lassen, was dazu berechtigt, hier von einem Tun in Muße zu sprechen. Das ist der Prüfstein unserer gemeinsamen Arbeit.

In unserem Forschungsverbund nähern wir uns der Muße jedoch mit unterschiedlichen methodischen Vorgaben und thematischen Schwerpunktsetzungen. Die interdisziplinäre Arbeit besteht deshalb wesentlich darin, die verschiedenen Beschreibungen und Interpretationen der Muße miteinander ins Gespräch zu bringen. Dieser Text verfolgt daher das Ziel, die gemeinsame Forschung zu dokumentieren, in der unterschiedliche Fachdisziplinen ihre jeweiligen Perspektiven auf den Forschungsgegenstand ‚Muße' zur Geltung bringen. Dabei sollen zugleich die mit diesen Perspektiven verbundenen Forschungsprobleme benannt und aufgegriffen werden. Wir möchten nicht nur *multidisziplinär* vorgehen und die unterschiedlichen methodischen wie auch inhaltlichen Gesichtspunkte zu einem wissenschaftlichen Bouquet versammeln. Vielmehr wollen wir mit dem Anspruch auf *Interdisziplinarität* Ernst machen und das Phänomen Muße gerade durch eine wechselseitige Durchdringung der Fachperspektiven sichtbar werden lassen.[7]

Ein solches Vorgehen braucht besondere Offenheit. Diese verstehen wir nicht als Mangel definitorischen Wissens, sondern vielmehr als Chance, die Vielseitigkeit und auch Widersprüchlichkeit des Konzepts der Muße abbilden und offenlegen zu können. Denn Muße ist auch deshalb ein interessanter (und schwieriger) Forschungsgegenstand, weil er dazu zwingt, die Spannungen, die Muße-Phänomene miteinander verbinden *oder* voneinander trennen, offenzulegen.

---

[7] Zu dieser Unterscheidung vgl. Jürgen Mittelstraß, „Interdisziplinarität oder Transdisziplinarität?", in: Mittelstraß, *Die Häuser des Wissens. Wissenschaftstheoretische Studien*, Frankfurt a. M. 1998, 29–48.

Das hat zur Folge, dass auch unsere konzeptuellen Überlegungen von einer gewissen Vagheit geprägt sind. Unsere Begriffe haben, mit Wittgenstein gesagt, eine „unscharfe Begrenzung“[8]. Denn weder auf phänomenaler noch auf konzeptueller Ebene ist Muße ein klar umrissener und eindeutig referenzierbarer Gegenstand. Grenzfälle machen das schnell deutlich: Ist das Dösen in der Sonne bereits Muße? Oder ein intensiver Museumsbesuch? Kann Sportschau-Sehen als Muße-Praxis verstanden werden? Meint das griechische *scholé* wirklich dasselbe wie das deutsche ‚Muße‘? Wie gehen das lateinische *otium* und Kontemplation zusammen? Und zu welcher historischen Zeit?

Je nach Kontextualisierung ergeben sich so unterschiedliche Begriffsfelder der Muße. Schon allein deshalb ersetzt dieser Text keine in sich abgeschlossene und systematische Arbeit, wie sie aus einer der Perspektiven eines einzelnen Fachs zu erwarten wäre. Wir wollen vielmehr Verbindungen ziehen, verbindende Problemlagen identifizieren und so Anknüpfungspunkte für die verschiedenen Disziplinen bieten.

Im Folgenden beschreiben wir Aspekte der Muße in verschiedenen Konzeptualisierungen. Hierbei sind wir mit dem Problem konfrontiert, dass Muße je nach Fachdisziplin in verschiedenen Kontexten und mit unterschiedlicher Konnotation verhandelt wird. Trotz dieser konzeptuellen Vagheit wollen wir Muße *einheitlich* fassen, indem wir einen phänomenalen Grundzug, der auf verschiedene Weise fokussiert werden kann, herausarbeiten. Dieser lässt sich als ein *Innehalten* bestimmen, als ein *Verweilen*, in dem die Sukzession der Zeiterfahrung zugunsten der *Simultaneität*, der *Unbestimmtheit* und damit auch der *Räumlichkeit* der

---

[8] Ludwig Wittgenstein, *Philosophische Untersuchungen* (Werkausgabe 1), Frankfurt a. M. 2000, § 99.

Erfahrung zurücktritt.[9] Dies ist gleichbedeutend mit der Erfahrung eines *Freiraums* und *Möglichkeitsraums*[10], in dem die Möglichkeitsbedingung wirklich selbstbestimmten und freien Handelns gelegen ist. Diese umrisshafte Bestimmung wird sich in verschiedenen Kontexten unterschiedlich *manifestieren*, sie wird in verschiedenen Diskursen unterschiedlich *semantisiert* und von den jeweiligen wissenschaftlichen Disziplinen auch unterschiedlich *thematisiert*.

Wir haben uns deshalb dazu entschlossen, keine verbindliche Bestimmung von Muße vorauszusetzen, sondern die Theoriebildungen der verschiedenen beteiligten Disziplinen miteinander zu verknüpfen. Dabei machen wir uns zunutze, dass alle Theorie begrifflich verfahren muss, wir also mit *Konzepten* der Muße umgehen. Die an unterschiedlichen Beispielen und aus verschiedenen disziplinären Perspektiven in den Blick kommenden Konzepte und deren Überschneidungen, Differenzen und Verbindungen sollen dann als *Konstellationen* solcher Konzepte Muße sichtbar werden lassen. Das gewählte Vorgehen folgt damit einer methodischen Maxime Adornos, „daß nicht von den Begriffen im Stufengang zum allgemeineren Oberbegriff fortgeschritten

[9] Als Skizze einer Phänomenologie der Muße in diesem Sinne vgl. Günter Figal, „Muße als Forschungsgegenstand“, in: *Muße. Ein Magazin* http://mussemagazin.de/?p=530 (abgerufen am 07.06.2015). Zur konstitutiven Unbestimmtheit des (logischen) Raums vgl. Tobias Keiling, „Logische und andere Räume. Wittgenstein und Blumenberg über Unbestimmtheit“, in: *Deutsche Zeitschrift für Philosophie* (im Erscheinen).

[10] Zum phänomenologischen Raumverständnis, das hier maßgeblich ist, vgl. Günter Figal/Tobias Keiling, „Das raumtheoretische Dreieck. Zu Differenzierungen eines phänomenologischen Raumbegriffs“, in: Günter Figal/Hans W. Hubert/Thomas Klinkert (Hg.), *Die Raumzeitlichkeit der Muße*, Tübingen 2016, 9–28.

wird, sondern sie in Konstellation treten".[11] Unser Ziel ist es, solche Konstellationen zu kartieren, die sich in unserer Arbeit als produktiv ergeben haben.

Wenn wir auf eine Kartierung der Muße zielen, dann ist damit gesagt, dass ‚die Muße' keinen bestimmten Ort auf dieser Karte bezeichnet. Eine solche Kartierung gewährleistet die eben beschriebene Offenheit, zu der uns die Diversität der Beschreibungen und Interpretationen von Muße zwingt. Damit bleibt das Verständnis *der* Muße bewusst vage, ohne vorzugeben, das Ganze der Wirklichkeit der Muße abzubilden.[12] Wir versuchen eine *dezentrale* Bestandsaufnahme zum Themenkomplex zu leisten und davon ausgehend sukzessive zu allgemeineren Aussagen über die Muße zu gelangen. So zielen wir auf Theoreme, die *mittlere Reichweite* haben sollen.

Das Verhältnis der so generierten Muße-Begriffe kann mit einem Leitbegriff der Philosophie Wittgensteins als Verhältnis von „Familienähnlichkeiten" beschrieben werden. Bei der Suche nach solchen Ähnlichkeiten geht es um Eigenschaften verschiedener Mitglieder einer Familie, die sich „übergreifen und kreuzen", aber kein allen gemeinsames Merkmal erkennen lassen. Vielmehr wird man je nachdem, auf welches Merkmal man achtet, „Ähnlichkeiten auftauchen und verschwinden sehen".[13] Genau so ergeht es uns auch in der interdisziplinären Erforschung der Muße.

Die Rede von „Familienähnlichkeiten" ist dabei als eine Analogie zu verstehen, die insbesondere auf zwei Punkte

---

[11] Theodor W. Adorno, „Negative Dialektik", in: *Negative Dialektik. Jargon der Eigentlichkeit*, Gesammelte Schriften, Bd. 6, hg. v. Rolf Tiedemann, Frankfurt a. M. 1984, 164.

[12] Als pragmatistische Grundlegung eines solchen Vorgehens vgl. Christopher Hookway, *Truth, rationality, and pragmatism. Themes from Peirce*, Oxford 2002, 135–158.

[13] Wittgenstein, *Philosophische Untersuchungen*, 276–280, hier 278.

hinweist, die sich für unser Vorgehen als fruchtbar erweisen. Erstens sind die Ränder dessen, was wir unter dem Stichwort ‚Muße' untersuchen, konstitutiv unscharf – ebenso wie sich eine Familie niemals trennscharf und vollständig bestimmen lässt, weil die zu ihr gehörenden Vorfahren sich irgendwann im Dunkel der Geschichte verlieren und Verwandtschaften zwar irgendwann ‚weitläufig' werden, der Weitläufigkeit aber keine Grenzen gesetzt sind. Die Landkarte der Muße hat entsprechend unentdeckte Flecken und unscharfe Ränder und ist so offen für die dynamische Erweiterung der in ihr verzeichneten Forschungsergebnisse.[14] Zweitens lassen sich aus der komplexen Vielzahl von Gemeinsamkeiten und Unterschieden zwischen Familienmitgliedern Merkmale angeben, nach denen sich Familienzugehörigkeit definieren lässt (Verwandtschaftsbeziehungen, Verwandtschaftsgrade, Nachnamen, Wohnort etc.). Diese Gruppenbildungen sind heuristisch aufschlussreich, aber sie erschließen die faktisch bestehenden Beziehungen immer nur in bestimmten Hinsichten. Entsprechend kommt es auch in der Muße-Forschung darauf an, Merkmalsbestimmungen einander abwechseln zu lassen und deren Voraussetzungen und Grenzen mit zu bedenken. Nur so lassen sich die verschiedenen Zugriffe produktiv zueinander in ein Verhältnis setzen.

Anknüpfend an klassische Konzeptionen der Muße diskutieren wir zunächst das Gegensatzverhältnis von *Muße*, *Arbeit* und *Freizeit* (2.1) sowie die Zusammengehörigkeit des Begriffs der *theoria* mit dem der Muße (2.2). Im Anschluss daran werden die *Achtsamkeitspraxis* und die sie ermöglichenden Haltungen beschrieben (2.3), bevor das Verhältnis von Muße und *Gelassenheit* in den Blick genommen wird (2.4). Jeder dieser Abschnitte beginnt mit einer thesenartigen Zusammenfassung.

[14] Vgl. Hookway, *Truth, rationality, and pragmatism*, 82–134.

In der zweiten Hälfte des Buchs werden dann Themenfelder identifiziert, die quer zu den skizzierten Konzepten liegen. Sie erzeugen eine Kohärenz zwischen den beteiligten Disziplinen und ermöglichen es, die im ersten Hauptteil recht unverbundenen Aspekte der Muße neu zu kontextualisieren und für weitere Forschungsvorhaben nutzbar zu machen. Die übergreifenden Themen *Erkenntnis*, *Freiheit*, *Selbstbestimmung und Selbstverwirklichung*, *Krise* und *Exklusion* (3.1–3.5) schaffen Verbindungen im Begriffsfeld der Muße. Sie stellen gewissermaßen die Gebiete und Verbindungslinien auf unserer Muße-Landkarte dar.

2. Konzepte der Muße

2.1 Arbeit, Freizeit und Muße

Muße kann als Gegenbegriff zur Arbeit verstanden werden. Eine solche Sichtweise erfordert notwendigerweise die Klärung des Spannungsverhältnisses von Muße und Freizeit. Freizeit, als die Zeit, in der nicht gearbeitet werden muss, stellt sich (zumindest in industriellen Gesellschaften) als eine Erholungszeit für Arbeit dar. Muße unterscheidet sich dagegen als ein geschichtlich zunehmend marginalisiertes Konzept selbstzweckhaften Tuns grundlegend sowohl von Arbeit als auch von Freizeit. Deshalb steht Muße im Unterschied zu (entfremdeter) Arbeit und Freizeit für ein (utopisches) Versprechen auf geglückte Selbstentfaltung ein.

Gegensatzverhältnisse von Arbeit, Freizeit und Muße

Die Begriffe Arbeit und Freizeit werden meist als Gegensätze verstanden, insofern Freizeit per Definition dadurch bestimmt ist, nicht arbeiten zu müssen. So gesehen meinen Arbeit und Freizeit komplementäre Ordnungsprinzipien des Tagesablaufs. Gerade in seiner Komplementarität weist dieser Gegensatz allerdings darauf hin, dass Arbeit und Freizeit genuin zusammengehören. Ideengeschichtlich ist dabei meist – und das gilt besonders dort, wo Phänomene der Muße thematisiert werden – der Freizeitbegriff dem Bereich der Arbeit untergeordnet. Freizeit wird dann als Funktion der Arbeit begriffen, sie dient der Reproduktion der Arbeitskraft. So argumentiert bereits Aristoteles:

> „Man muß sich Amüsement eher in Zeiten anstrengender Tätigkeit gestatten; denn wer sich anstrengt, braucht Erholung, und Amüsement dient der Erholung, während Arbeit von Anstrengung und Anspannung begleitet ist."[1]

In dieser für die Antike repräsentativen Konzeption wird die Erholung in Bezug zu den Anstrengungen der Arbeit reflektiert. Somit wird ein Aspekt dessen aufgegriffen, was in modernen, (post-)industriellen Gesellschaften als Freizeit bezeichnet wird, nämlich die Zeit, die darum frei von Arbeit ist, um sich von ebendieser Arbeit zu erholen. Freizeit in diesem Sinne dient der Arbeit und hat Arbeit somit als ihren Zweck. Beide Konzepte verweisen aufeinander und sind zirkulär definiert. Für Aristoteles stellen deshalb nicht Erholung und Freizeit den genuinen Kontrastfall zur Arbeit dar, sondern Muße. Ein Tun in Muße ist dabei ein selbstzweckhaftes Tun, das sich durch reine Gegenwärtigkeit auszeichnet und sich paradigmatisch in dem einstellt, was Aristoteles *Kontemplation* (θεωρία, *theoría*) nennt (2.2). Bei der Muße handelt es sich also um ein Phänomen, das sich nicht auf das Andere der Arbeit reduzieren lässt. Im Kontrast zur modernen Hierarchisierung versteht die Antike Muße nicht als das Andere der Arbeit, sondern Arbeit als das Negativum der Muße. Was wir heute ‚Arbeit' nennen, ist ‚Un-Muße' (*neg-otium, a-scholia*).

---

[1] Aristoteles, *Politica*, hg. v. William David Ross, Oxford 1957, 1337b. Übersetzung nach Eckart Schütrumpf.

Historische Verortung der Freizeit

Ideengeschichtlich ist festzuhalten, dass das Wort ‚Freizeit' in seiner heutigen Bedeutung (und somit als Gegenbegriff zur Arbeit) erst im 19. Jahrhundert auftaucht. Der Duden listet es zum ersten Mal im Jahr 1929 mit folgender Definition: „Zeit, in der jemand nicht zu arbeiten braucht, keine besonderen Verpflichtungen hat; für Hobbys oder Erholung frei verfügbare Zeit."[2] Diese Trennung zwischen Arbeit und Freizeit kann zu Beginn der industriellen Revolution bzw. der Synchronisation des Arbeitsprozesses historisch verortet werden.[3] Exemplarisch hat Norbert Elias die funktionale Verwendung der Uhrzeit als Synchronisationsmechanismus zur Abstimmung und Koordination menschlicher Interaktion und Zusammenarbeit herausgestellt.[4] Denn erst die modernen, arbeitsteiligen Organisationsformen industrieller Arbeit machen eine strikte Abgrenzung von Arbeitszeit und Freizeit möglich.[5]

---

[2] Der große Duden. Rechtschreibung der deutschen Sprache und der Fremdwörter nach den für Deutschland, Österreich und die Schweiz gültigen amtlichen Regeln, hg. v. Theodor Matthias, 10. Aufl., Leipzig 1929.

[3] Edward P. Thompson, „Zeit, Arbeitsdisziplin und Industriekapitalismus", in: Rudolf Braun u. a. (Hg.), *Gesellschaft in der industriellen Revolution*, Köln 1973, 81–112.

[4] Vgl. Norbert Elias, *Über die Zeit*, hg. v. Michael Schröter u. Holger Fliessbach, Frankfurt a. M. 2005.

[5] Das spiegelt sich in der Semantik des Wortes wieder: Die Entwicklung des Wortgebrauchs von „Freizeit" im 19. und 20. Jahrhundert als Folge des Industriekapitalismus ist zu unterscheiden vom mittelalterlichen Begriff der „frey zeyt" oder dem humanistischen Begriff der „freye zeit", die zwischen 1350 und 1600 bereits breite Anwendung fanden Wolfgang Nahrstedt, *Die Entstehung der Freizeit dargestellt am Beispiel Hamburgs: ein Beitrag zur Strukturgeschichte und zur strukturgeschichtlichen Grundlegung der Freizeitpädagogik*, Göttingen 1972, 32–34.

Das bedeutet natürlich nicht, dass es in vormodernen oder bäuerlichen Gesellschaften keine Strukturierung des Tagesablaufs durch Arbeitstätigkeiten und freie Zeiten gegeben hätte, es gab sie aber nicht im Sinne einer industriell-arbeitsteiligen Zeittaktung. *Freizeit* lässt sich als Konzept sinnvoll aber nur auf eine solche strikte zeitliche Strukturierung des Tages beziehen, deren Maß nicht in den Produktionsbedingungen selbst gesucht werden kann (wie etwa in einem landwirtschaftlichen Betrieb), sondern die sich an der notwendigen Reproduktionszeit der Arbeitskraft bemisst. Das sich mit der Industrialisierung entwickelnde Verständnis von Freizeit begreift diese nicht einfach als freie Zeit, sondern als Komplementärbegriff zur Arbeitszeit. Dies impliziert bereits ein bestimmtes Zeitverständnis, nämlich die gestundete Zeit des Uhrwerks, dem nach verschiedenen Quellen die geballte Wut des aufkommenden Proletariats in der Revolution galt.[6]

Historischer Wandel des Verhältnisses von Arbeit, Freizeit und Muße

Bereits für Aristoteles, der eine solche Zeittaktung im modernen Sinne noch nicht kannte, war gleichwohl die Erholung zur Reproduktion von Arbeitskraft die maßgebliche Funktion der ‚Freizeit'. Im Gegensatz zur Arbeit steht hingegen eine Lebensform, die dadurch gekennzeichnet wird, weder arbeiten noch sich für die kommende Arbeit erholen zu müssen: das Leben in Muße. Ein solches Leben in Muße ist exemplarisch für das Verständnis dessen, was es überhaupt bedeutet, zu leben. Somit bezeichnet die Muße als Gegensatz der Arbeit kein zeitorganisatorisches Prinzip.

[6] Vgl. Walter Benjamin, *Über den Begriff der Geschichte (Werke und Nachlass 19)*, hg. v. Gérard Raulet, Berlin 2010.

Sozialstrukturell verweist sie vielmehr auf eine gesellschaftliche Differenzierung: Die einen führen ein Leben in Arbeit, die Freien dagegen ein Leben ohne den Zwang von Arbeit.

Der Begriff ‚Muße' wurde in der griechischen und römischen Antike konzeptionell (zumindest in der maßgeblichen platonisch-aristotelischen Tradition) als freie – und das heißt selbstbestimmte – Zeit zur Entfaltung persönlicher Fähigkeiten in Bildung, Kultur und Politik verstanden und galt zugleich als zentrale Grundlage einer vernünftigen Einrichtung des Gemeinwesens. Im Mittelalter wurde der Antagonismus der Muße zur Arbeit dann stellenweise unterlaufen, als sich unter dem Einfluss des Christentums ein Arbeitsethos durchzusetzen begann und Arbeit ihren pejorativen Charakter zunehmend einbüßte.[7]

Mit der Moderne setzt sich der Wandel fort. Nun ist kaum mehr von einem emphatisch positiven und sinnstiftenden Mußebegriff zu sprechen, Muße wird vielmehr mit Müßiggang und Faulheit identifiziert. Gerade die Dimensionen der freien Selbstgestaltung und Selbstverwirklichung, die zuvor eher der Muße zugeordnet wurden, werden nun zunehmend der Arbeit zugeschrieben. Spätestens in der Wissens- bzw. der postindustriellen Gesellschaft stellt sich die Frage, ob Muße nicht als Voraussetzung von (guter) Arbeit implizit gegenüber dem Begriff der Freizeit aufgewertet werden kann.

Dennoch bleibt der die Muße bestimmende konzeptionelle Kontrastfall weiterhin die Arbeit, der weiterführende Gegensatz der von Scholé und Ascholía. Dies schließt nicht aus, dass in der Bewegung einer Transgression einzelne Arbeitstätigkeiten einen Muße-Charakter entfalten können. Es ist durchaus möglich, dass selbst eintönige Verrichtungen einen

[7] Vgl. Hans-Werner Prahl, „Soziologie der Freizeit", in: Georg Kneer/Markus Schroer (Hg.), *Handbuch Spezielle Soziologien*, Wiesbaden 2010, 405–420, 406; vgl. Max Weber, *Die protestantische Ethik und der Geist des Kapitalismus*, hg. v. Dirk Kaesler, München 2010.

quasi meditativen Zustand befördern, der die Arbeit vergessen lässt, oder kreative Arbeit in Muße und Spiel übergeht. Aber mußevoll kann ein solches Tun eben nur dadurch sein, dass es seinen spezifischen Arbeitscharakter einbüßt.

Angelika Krebs hat in ihrem Buch *Arbeit und Liebe* die grundlegenden Arbeitsbegriffe bzw. deren Fundamentalbestimmungen zusammengetragen. Folgt man ihren Unterscheidungen, so lässt sich Arbeit verstehen als: 1. Zweckrationales Handeln, 2. Mühe, 3. Entlohnte Tätigkeit, 4. Güterproduktion, 5. Güterproduktion, bei welcher der Produzent durch eine dritte Person ersetzbar ist, 6. Gesellschaftlich notwendige Tätigkeit, 7. Tätigkeit für Andere, 8. Tätigkeit im Rahmen des gesellschaftlichen Leistungsaustausches.[8] Bedenkt man lediglich zwei wesentliche Charakteristika der Muße, ihre tendenzielle Enthobenheit von praktischen Zwecken oder Obliegenheiten (Entlastung vom Praxisdruck) und ihre Selbstzweckhaftigkeit, dann wird deutlich, dass Muße mit keinem der oben genannten Aspekte des Arbeitsbegriffs einhergehen kann. Das gilt selbst noch für so offene Bestimmungen wie der Tätigkeit für Andere, da bei genauerer Betrachtung auch dieses Tätigsein konsequent anhand des Kriterium eines Leistungsaustausches bestimmt wird und damit letztlich auch dem Paradigma der Nützlichkeit, dem Muße konzeptionell als selbstzweckhaftes Tun enthoben ist, untersteht.

Gesellschaftliche Differenzierung

Mit Marx lässt sich das Spannungsfeld von Arbeit, Freizeit (Erholung) und Muße als ein Ausbeutungsverhältnis fassen und mit der Dimension der Muße in Aristoteles'

---

[8] Vgl. Angelika Krebs, *Arbeit und Liebe. Die philosophischen Grundlagen sozialer Gerechtigkeit*, Frankfurt a. M. 2002, 23–51.

Politik in Vergleich bringen. Wo in der Antike die Ausbeutung der sklavischen Arbeit zu einem Mehrwert führt, der ein Leben in Freiheit für die vollwertigen Bürger, und das heißt Menschen, ermöglicht, da ist es im Kapitalismus die Ausbeutung der proletarischen Arbeitskraft, die dem Kapitalisten seinen Profit gewährleistet. Freizeit bezeichnet dabei ein Element der Reproduktion der Arbeitskraft des Auszubeutenden. Sie ist einer Effizienzlogik unterworfen, aus der sich die Taktung des Arbeitstages nach den Maßgaben einer maximalen Wertschöpfung ergibt: Freizeit ist auf jenes Minimum zu beschränken, welches die Arbeitsleistung nicht beschränkt. Damit gilt die Differenzierung von Arbeit und Freizeit aber nur für den Lohnarbeiter, der die Nachfolgefigur des antiken Unfreien darstellt. Diese Kontinuität wird bereits darin deutlich, dass Aristoteles das Leben der Freien dadurch bestimmt, nicht arbeiten zu *müssen*; es ist der äußere Zwang zur Arbeit, der wiederum zur Erholung und zur Freizeit zwingt. In diesem Sinne ließe sich zugespitzt formulieren: *Frei ist, wer keine Freizeit benötigt.*

Am Begriff der Muße lässt sich der konzeptionelle Unterschied antiker und moderner Formen der auf Ausbeutung beruhenden Freiheit besonders gut deutlich machen. Denn die Freiheit der Muße vom Zwang der Arbeit, die sie von der Freizeit als Erholung unterscheidet, ist – folgt man der antiken Konzeption – zugleich die Freiheit zu einer selbstzweckhaften und glückseligen Lebensform, die sich in Tätigkeiten wie Kunst, freier Geselligkeit und vor allem *theoría* verwirklicht (2.2). Zentral ist die Annahme, dass ein solches Leben in sich selbst Erfüllung finden soll, ohne auf einen äußeren Zweck gerichtet zu sein. Darum bedarf es auch keiner Erholung von diesen Tätigkeiten durch Freizeit.

Demgegenüber ist die kapitalistische Wirtschaftsordnung, wie sie Marx beschrieben hat, durch eine innere Logik bestimmt, die auch den Ausbeuter der Lohnarbeit einem

Zwang unterwirft: Nicht den Zwang zu arbeiten im Sinne der Lohnarbeit, wohl aber der Notwendigkeit ewiger Kapitalakkumulation. Er muss immer mehr Mehrwert anhäufen, um im Konkurrenzsystem des Marktes nicht unterzugehen. Der Kapitalismus ist im marxschen Sinne auf eine tendenziell unendliche Expansion (bis zu einem spezifischen Punkt des Kollabierens) angewiesen. Hierin liegt der grundlegende Unterschied zwischen der Lebensweise des Kapitalisten und der ideal konzipierten Lebensweise des freien Bürgers der Polis. Der Zwang, dem der ‚Kapitalist' unterliegt, ist gewissermaßen die stete Sucht zu expandieren, die sich der Möglichkeit, durch den erpressten Reichtum ein Leben in Muße zu führen, entgegenstellt. Aus marxistischer Perspektive gibt es deshalb trotz der Kontinuität, die in der Struktur von Ausbeutung einerseits und dem Potenzial der Muße andererseits liegt, in der kapitalistischen Gesellschaft Muße im strengen aristotelischen Sinne zunächst nicht mehr.

Utopische Dimension der Muße

Aber die Muße taucht bei Marx im Sinne Aristoteles' in einer Hinsicht doch wieder auf, nämlich in der Bestimmung des „wahren Reichtums": Dieser meint die „Zeit, die nicht durch unmittelbar produktive Arbeit absorbiert wird, sondern zum Genuss, zur Muße, so dass sie zur freien Tätigkeit und Entwicklung Raum gibt." Weiter heißt es: „Aber freie Zeit, verfügbare Zeit, ist der Reichtum selbst teils zum Genuss der Produkte, teils zur freien Tätigkeit, die nicht wie die Arbeit durch den Zwang eines äußeren Zwecks bestimmt ist, der erfüllt werden muss, dessen Erfüllung Naturnotwendigkeit oder soziale Pflicht ist, wie man will."[9] Hier ergibt sich

[9] Karl Marx, *Theorien über den Mehrwert III* (Marx-Engels-Werke 26.3), Berlin 1968, 252–253.

in utopisch-kommunistischer Wendung eine interessante Engführung von Muße und Freizeit.

Denn wenn sich die Taktung des Arbeitstages am effizienten Minimum an Freizeit orientiert, um den Mehrwert zu maximieren, dann kann sich dieses Verhältnis im Zustand entfalteter Produktivkräfte (materialer Reichtum) ins Gegenteil verkehren: Im Kommunismus ergäbe sich der „wahre Reichtum" aus der Losung, die notwendige Arbeit soweit zu minimieren, dass ein Maximum an Freizeit ermöglicht ist, die dann in Muße umschlägt. Diese Losung steht für eine gesamtgesellschaftliche Emanzipation der Menschen zur Freiheit, die Ernst Bloch als eine „tätige Muße" umschreibt.[10] Die Logik gesellschaftlicher Ausbeutung schlägt hier also um, da ein solches Maß an materiellem Reichtum geschaffen wurde, dass Freizeit keine bloße Funktion der Arbeit mehr sein müsste, sondern vielmehr selbst Muße, der Notwendigkeit entzogene freie und selbstzweckhafte Tätigkeit, meinen könnte (3.3). In dieser utopischen Perspektive konvergieren Freizeit und Muße durch die Minimierung der notwendigen Arbeit. Zugleich verschwimmt damit aber auch der klassische Gegensatz von Arbeit und Muße, insofern Arbeit dann nicht mehr in erster Linie als entfremdete angesehen werden müsste, sondern im emanzipatorischen Sinne als Selbstverwirklichung verstanden werden könnte.

Lob des Müßiggangs oder Lob der Muße?

Diese Verbindung von Emanzipation und Muße prägt auch die sozialphilosophischen Schriften Bertrand Russells, etwa seinen Aufsatz *In Praise of Idleness*, dessen üblicher deutscher Titel, *Lob des Müßiggangs*, jedoch irreführend ist.[11] Denn

[10] Ernst Bloch, *Prinzip Hoffnung*, Frankfurt a. M. 1982, 1080.
[11] Vgl. Bertrand Russell, „In Praise of Idleness", in: Russell, *In Praise*

Russell beschreibt hier nicht einfach Arbeitsverweigerung, Faulheit und Nichtstun – Müßiggang in jenem perjorativen Sinne, der Müßiggang und Muße kontrastiert. Vielmehr kommt es ihm darauf an, dass Muße und Müßiggang nicht getrennt werden können. Entsprechend verwendet Russell zwei der englischen Äquivalente für ‚Muße', nämlich *idleness* und *leisure,* synonym. Der für die Bedeutung des deutschen ‚Müßiggang' wesentliche Kontrast zur Muße fällt also weg, das Lob des Müßiggangs ist ebenso ein Lob der Muße.

Russells Verständnis beider Begriffe ist jedoch insofern negativ, als dass er unter *leisure* und *idleness* die arbeitsfreie Zeit versteht. Russell geht davon aus, dass Menschen diese Zeit für die Entwicklung der eigenen Fähigkeiten, für Bildung, Selbstbestimmung und Selbstverwirklichung nutzen. Entscheidend ist dabei die aristotelische Überlegung, nur in der arbeitsfreien Zeit könne letztlich Glück liegen, da diese für Tätigkeiten genutzt wird, die glücklich machen – welche das sind, das überlässt Russell der individuellen Entscheidung, auch wenn ihm kontemplative Tätigkeiten eher Glück versprechen (2.2).

Diese Variante des sogenannten moralischen Perfektionismus wird eingebettet in eine marxistische inspirierte Sozialphilosophie, welche die Folgen entfremdeter Lohnarbeit beschreibt. Russell verbindet die Diagnose eines Verlusts von Muße/Müßiggang in der modernen Industriegesellschaft deshalb mit der Forderung nach einer Verkürzung der Arbeitszeit. Darauf beschränkt sich sein politisches Programm jedoch auch. Seinem *Praise of Idleness* fehlt nicht nur Marx' utopische Dimension. Weil Russell Muße mit arbeitsfreier Zeit gleichsetzt, die eigene Lebenszeit aber in zwei feste

---

of Idleness and Other Essays, London/New York 2004, 1–15, und Bertrand Russell, „Lob des Müßiggangs", in: Russell, *Lob des Müßiggangs*, München 2002, 9–31.

Kategorien zerfällt, kann er auch Phänomene wie die Entgrenzung der Arbeit, die Annäherung der Erlebnisqualitäten von Freizeit und Arbeit und die Flexibilisierung der Arbeitsformen nicht in den Blick nehmen.

Flexibilisierung der Arbeitsformen

Ob mit Bedauern oder Häme verbunden, wir finden das Marxsche Reich der Freiheit nicht als verwirklichtes vor. Vielmehr haben sich zeitgenössische Arbeitsformen entscheidend auf das Verhältnis von Arbeit und Freizeit ausgewirkt. Phänomene wie Flexibilisierung der Arbeitszeiten, Heimarbeit, Ich-AGs, Scheinselbstständigkeit und dergleichen deuten darauf hin, dass die klassische Lohnarbeit und damit auch die strikte Taktung in Arbeit und Freizeit an Bedeutung verlieren. Haben wir noch Freizeit, wenn wir zu Unternehmern unseres Selbst werden?[12] In Berufsfeldern, die sich dadurch auszeichnen, dass man selbst seine Arbeitszeit organisiert, wie es beispielsweise im künstlerischen oder wissenschaftlichen Bereich üblich ist, benötigt es bekanntermaßen eine disziplinäre Anstrengung, die Grenze von Freizeit und Arbeit zu ziehen und sich selbst einen strikten Arbeits- und Erholungsplan aufzuerlegen.

Können solche neuen Arbeitsformen ein Arbeiten ‚in Muße' ermöglichen, da man freier ist vom äußeren Zwang, zu einem bestimmten Zeitpunkt arbeiten zu müssen? Oder müssen wir nicht vielmehr davon ausgehen, dass in der Selbstorganisation von Arbeit und Freizeit die Minimierung der Freizeit zur freien Selbstentfaltung unter dem Anspruch einer steten Optimierung des Alltags noch effizienter durchgesetzt wird? Um diese Frage beantworten zu können, sollte

[12] Vgl. Ulrich Bröckling, *Das unternehmerische Selbst. Soziologie einer Subjektivierungsform*, Frankfurt a. M. 2007.

zunächst unterschieden werden, ob man arbeiten *muss* oder nicht. Bleibt der Zwang zur Produktivität ungebrochen, wird die Überantwortung zur eigenen Tagesorganisation im Sinne einer Selbstoptimierungstechnologie tendenziell zu einer maximierten Form der (Selbst-)Ausbeutung. Ein Arbeiten in Muße wäre bloß ohne den Zwang zur Arbeit denkbar, denn nur dann wäre Freizeit nicht länger *notwendig*.

Freizeit als Konsumptionssphäre

Die zunehmende Tendenz der Vermischung von Arbeit und Freizeit hat aber noch eine andere Facette. Denn Freizeit erfüllt für die Arbeit nicht nur die Funktion, die Arbeitskraft zu regenerieren (Produktionsfunktion), sie stellt zugleich auch einen Absatzmarkt der Produkte der Arbeit dar (Konsumfunktion). Die Zeiten der Erholung, der Zerstreuung, des Genusses und der Entspannung unterliegen im Sinne Adornos einer zunehmenden Ökonomisierung (Kulturindustrie).[13] Während der Freizeit wird konsumiert und gekauft, was während der Arbeit produziert wurde. Dieser Freizeitkonsum unterliegt gerade in den letzten Jahrzehnten einer enormen Steigerung und die Arbeit wirkt noch in die Freizeit hinein fort. Guy Debord schreibt deshalb, die Untätigkeit in der Freizeit sei

> „keineswegs von der Produktionstätigkeit befreit: sie hängt von ihr ab, sie ist unruhige und bewundernde Unterwerfung unter die Erfordernisse und Ergebnisse der Produktion; sie ist selbst ein Produkt von deren Rationalität. […] Daher ist die heutige ‚Befreiung von der Arbeit', die Ausdehnung der Freizeit, keineswegs Befreiung in der Arbeit oder Befreiung einer durch diese Arbeit geformten Welt. Nichts von der in der Arbeit gestohlenen

[13] Vgl. Max Horkheimer/Theodor W. Adorno, *Dialektik der Aufklärung. Philosophische Fragmente*, Frankfurt a. M. 1969.

> Tätigkeit kann sich in der Unterwerfung unter ihr Ergebnis wiederfinden."[14]

Nicht ohne Berechtigung wurde der Arbeitsbegriff in den Sozialwissenschaften auf Tätigkeiten außerhalb von Lohnverhältnissen ausgeweitet, nehmen diese doch Charakteristika der Arbeit an. Aber auch an weniger offenkundigen Stellen ist die Muße verstellt. Kaum mehr scheint es möglich, sich eine Freizeit ohne Kommunikations- und Unterhaltungselektronik vorzustellen, kaum mehr Entspannung ohne vermarktbare Wellness-Produkte, kaum mehr Kultur, die nicht den Gesetzen profitabler Unterhaltungskonzerne unterworfen wäre. Mit dem zunehmenden Zwang zur Schaffung neuer Märkte, zu denen der Ausbau der Freizeitindustrie gehört, wird das Formgesetz von Arbeit und Freizeit neu austariert: Das Verhältnis von Arbeit und Freizeit ergibt sich in saturierten westlichen Gesellschaften nicht bloß aus dem Gesetz einer Minimierung der Freizeit bis zur Grenze der Effizienzbeeinträchtigung der Arbeitsleistung, sondern muss Freizeit zugleich auch als Variable der Absatzsteigerung berücksichtigen. Der Lohnabhängige benötigt nicht bloß genügend Freizeit, um weiterarbeiten zu können, sondern auch genug freie Zeit und ökonomische Mittel, um seinen Lohn auf dem Markt absetzten zu können. Auf dem modernen Arbeitsmarkt wird die *Konsumption* neben der Erholung zu einer zweiten Komplementarität der Arbeit, die mit der Muße und den Bedürfnissen menschlicher Selbstverwirklichung in Konflikt gerät.

---

[14] Guy Debord, *Die Gesellschaft des Spektakels*, übers. v. Jean-Jacques Raspaud, Hamburg 1978, 6.

2.2 Kontemplation und Muße

Muße steht in der Kultur der klassischen griechischen Antike in einem engen Konnex zu antiken Konzeptionen von Kontemplation (insbesondere θεωρία, *theoría*). Diese Verbindung wird durch das sich ausbildende Christentum aufgenommen und neu konzeptualisiert. Kontemplation wird in diesem Zusammenhang zum Inbegriff der mußevollen Tätigkeit. Diese für das abendländische Verständnis weitreichende Konzeptualisierung soll in ihrer Auseinandersetzung mit der ihr zugrunde liegenden griechisch-römischen Kultur dargestellt werden.

theoría *und* scholé

In der Spätantike werden die klassischen Konzeptionen von *theoría* (θεωρία, *betrachtende Schau*) und *scholé* (σχολή, *Muße*), die vor allem durch Aristoteles geprägt worden sind, sowohl im Bereich der paganen Philosophie als auch der christlichen Theologie rezipiert und nachhaltig weiterentwickelt. Im Spektrum der möglichen Übersetzungen dieser Begriffe bietet sich *Kontemplation* im Gefolge der abendländischen Tradition als Übersetzung für *theoría* an. Während Aristoteles und Plotin mit ihren *theoría*-Konzeptionen keineswegs eine im eigentlichen Sinne religiöse Ebene beschreiben, sondern logisch-metaphysische Einsichten darlegen, gewinnt der Begriff der *Kontemplation* mit der christlichen Ausformulierung des Konzeptes seine bis heute weit verbreitete, dezidiert religiöse Konnotation.

Als grundlegend für diese klassischen Konzeptionen erweisen sich dabei vor allem Aristoteles' Überlegungen im zehnten Buch der *Nikomachischen Ethik*. Dort bestimmt Aristoteles die *Muße, scholé* (σχολή), zum einen als die Bedingung für den Vollzug der *theoría*, die ihrerseits diejenige

Tätigkeit (ἐνέργεια) darstellt, mit der die *glückselige Vervollkommnung* (εὐδαιμονία) des Menschen einhergeht. Umgekehrt erfüllt sich Aristoteles zufolge die *scholé* zum anderen gerade mit dem Vollzug der *theoría*.

So ist die *theoría* insofern eine besondere Form der „betrachtenden Schau", als sie die Tätigkeit des auf sich selbst rückbezogenen Denkens darstellt. In dessen vollendeter Form ist dieses „Denken des Denkens" (*nóesis noéseos*, νόησις νοήσεως) Aristoteles zufolge als das Erste Prinzip und infolgedessen als göttlich anzusehen. Dieser Vollzug des göttlichen Denkens ist dem Menschen zwar möglich, kann von diesem aber nicht dauerhaft, sondern nur punktuell realisiert werden. Wegen dieser Form ermöglicht Muße mit der *theoría* eine herausgehobene Form von Erkenntnis (3.1). Umgekehrt ist der Vollzug der *theoría* auch konstitutiv für die Verwirklichung der höchsten Form der Muße; entspricht doch die *theoría* in ihrer Selbstgenügsamkeit und Selbstbezogenheit strukturell dem In-Muße-Sein, da auch dieses weder auf ein außerhalb seiner selbst gerichtetes Ziel bezogen noch für seine Verwirklichung von anderem abhängig ist.

Spätantike Rezeption

Eben diese drei Grundelemente – *scholé*, *theoría* und *glückselige Vervollkommnung (eudaimonía)* – spielen eine entscheidende Rolle für die spätantiken Rezeptionen der aristotelischen Muße-Konzeption; setzen doch die verschiedenen Bestimmungen dieser Grundelemente und ihrer Verhältnisse zueinander die jeweils relevanten Unterschiede, aufgrund derer sich die verschiedenen Muße-Verständnisse der Spätantike ausdifferenzieren. Mit der von Aristoteles vorgenommenen Zuordnung der Muße zur Tätigkeit der *theoría* und zu einem ersten göttlichen Prinzip ist jedoch eine wichtige

Vorentscheidung zugunsten einer *theologischen Konzeption von Muße* getroffen. Diese Vorentscheidung sollte zahlreiche Aspekte der unterschiedlichen abendländischen Konzeptionen der Muße über die Spätantike hinaus bis heute beeinflussen und eine wichtige Grundlage für die Entwicklung dieser Konzeptionen spielen.[15]

Mit Blick auf die Spätantike stellen in diesem Zusammenhang der pagane Neuplatonismus und die christliche Theologie zentrale Traditionslinien für moderne Muße-Konzeptionen dar. Während Plotins Überlegungen zu *theoría* und Muße als beispielhaft für den paganen Neuplatonismus angesehen werden können, legt die Untersuchung der christlich-theologischen Entwürfe eine Differenzierung hinsichtlich ihrer östlichen und westlichen Traditionen nahe. Dementsprechend werden die christlichen Traditionsstränge im Folgenden einerseits anhand des Beispiels des Basilius von Caesarea, andererseits anhand des Beispiels Augustins betrachtet.

Plotin

Im Kontext pagan-neuplatonischen Denkens findet die Entwicklung des Begriffs der *theoría* einen ersten begriffsgeschichtlichen Höhepunkt im dritten Jahrhundert: Plotin betont, dass *alles* nach *theoría* strebe.[16] Damit meint er tatsächlich, dass alles Sein und Seiende, sogar die vernunftlose Pflanze und der unbelebte Stein, in seiner je eigenen Art *theoría* treibe. Dies ist stark vereinfacht so zu verstehen, dass die *theoría* als Grundzug der sinnlichen und der übersinn-

[15] Vgl. Josef Pieper, *Muße und Kult*, München 1948; Hayden Ramsay, *Reclaiming leisure. Art, sport, and philosophy*, New York u. a. 2005.

[16] Vgl. Plotinus, *Ennead III*, übers. v. A. H. Armstrong, Cambridge, Mass. 2006 (Reprint with corrections), 8,1.

lichen (intelligiblen) Wirklichkeit alles durchwirkt („Pankontemplationismus“). Da alles, was ist, geworden ist, mithin hervorgebracht wurde, ist es Ergebnis defizitärer *theoría*. Denn diese ist in ihrer Reinform auf sich selbst ausgerichtet, aber als unvollkommene (mimetische) Form bringt sie ein anderes als sich selbst hervor. Die Natur bringt etwas hervor – das Hervorgebrachte ist zugleich das Betrachtete und wirkt auch selbst wieder als Betrachtendes, insofern es wiederum etwas hervorbringt. Das Hervorbringen ist damit selbst ein Betrachten. Diese Lehre gründet in einer bestimmten Logos-Vorstellung und hat das Hervorbringen der Vielheit aus der ursprünglichen absoluten Einheit zur Vorlage.

Damit wird die *theoría* hier als eine *Doppelbewegung* beschrieben: einerseits bezeichnet sie den Akt des göttlichen Erschaffens und also einen Abstieg in die Vielheit, andererseits beschreibt sie ein Streben zurück nach der ursprünglichen Einheit. Die *scholé* selbst ist aufs Engste mit diesen Formen der *theoría* verbunden: Je geistiger das Streben der *theoría* zurück zur reinen Schau des Geistes ist, desto ‚reiner‘ und ‚vollkommener‘ wirkt auch die *scholé*. Dies spiegelt sich Plotin zufolge in der vollkommenen Kreisbewegung der Gestirne. Dabei ist das antik-philosophische Weltbild vorauszusetzen, wonach diese der selbstbezüglichen Geistbewegung (dem Denken des Denkens) entspricht. Plotin kann deshalb sagen, dass die Bewegung der Gestirne „in vollkommener Muße erfolgt“. Dabei gibt es mit dem Grad der Annäherung an die Kreisbewegung auch Grade der Vollkommenheit: Der *theoría* als höchster Form der kommunikablen Geisteshaltung entspricht auch die beste, vollkommenste und eigentliche Form der Muße. Im Unterschied zu Aristoteles behandelt Plotin hier nicht bloß die soziale Wirklichkeit, sondern zielt mit seinen Erörterungen zu *theoría* und *scholé* auf eine umfassende Eigenschaftsbestimmung alles Wirklichen: Ohne jene in vollkommener *scholé* vollzogene *theoría* ist keine Wirklichkeit denkbar. Was immer auch ist, gründet demnach in der vollkommen unbedingten *scholé*, aus welcher heraus das Denken sich in eine jeweils konkretere, aber damit auch defizitäre Wirklichkeit entfaltet.

Basilius

Die Konzeptionen von Aristoteles und Plotin bilden auch im christlichen Kontext den weiteren Referenzrahmen für die Bestimmung der Muße. Dabei bedient sich Basilius von Caesarea der dem Griechischen eigenen Verwendungsmöglichkeit der *scholé*, die als Nominalform (Muße haben / müßig sein) wie Verbalform (müßig agieren) sowohl einen *Möglichkeitszustand* als auch einen aktiven *Vollzug* zum Ausdruck bringt. Der *scholé* kommt dabei, als *Freiheit* sowohl *von* etwas als auch *zu* etwas (3.2), eine doppelte Bewegung zu. Basilius geht dabei ganz basal von einem intentionalen Verständnis von Muße aus, in dem sich diese auf etwas bezieht. Dieser Objektbezug der *scholé* ist entscheidend, eine qualitative Unterscheidung von „guter und schlechter *scholé*"[17] zu geben. Die positive Form der Muße zeichnet sich für Basilius dabei durch eine Abwendung von allen äußeren Tätigkeiten und einer Hinwendung zur *theoría* aus.[18] Die *scholé* erscheint damit, wie bei Aristoteles, als *Bedingung*

---

[17] Basilius von Caesarea, „Homiliae in Psalmos", in: J.-P. Migne (Hg.), *ΤΟΥ ΕΝ ΑΓΙΟΙΣ ΠΑΤΡΟΣ ΗΜΩΝ ΒΑΣΙΛΕΙΟΥ ΑΡΧΙΕΠΙΣΚΟΠΟΥ ΚΑΙΣΑΡΕΙΑΣ ΚΑΠΠΑΔΟΚΙΑΣ ΤΑ ΕΥΡΙΣΚΟΜΕΝΑ ΠΑΝΤΑ* (Patrologia cursus completus series graeca), Paris 1857, 45,8. Eigene Übersetzung.

[18] Vgl. Basilius von Caesarea, *Homilien zum Hexaemeron* (Die griechischen christlichen Schriftsteller der ersten Jahrhunderte 2), Berlin 1997, I,1; Basilius von Caesarea, „Homiliae in Psalmos", 33,3.

für die *theoría*, indem sie einen *Raum* für die Introspektion eröffnet.[19] Daher zeigen *scholé* und *theoría* bei Basilius von Caesarea eine *strukturelle Konvergenz* an, insofern sie einen Weg beschreiben, der fort von der Äußerlichkeit alles Weltlichen hin zur Innerlichkeit der *theoría* führt und als ein Aufstieg vom Weltlichen hin zum Transzendenten begriffen wird.[20]

Als *theoría* wird in diesem Zusammenhang eine differenzierte Sichtung der Umwelt (Makrokosmos) und der Innenwelt (Mikrokosmos) beschrieben, die als schrittweiser Weg vom Körperlichen zum Geistigen bis hin zu Gott führen soll. Dieser Weg ist jedoch konstitutiv begrenzt, da sich Gott aufgrund seiner Einheit der *Relationaliät* der *scholé* sowie der menschlichen Betrachtung entzieht. Diese christliche Konzeption stellt insofern einen Unterschied zur paganen Tradition dar, als diese nur als eine *Vorbereitung für die christliche Theologie* dient, da die Philosophie ein für das Christentum defizitäres Gottesbild besitzt, gegen das sich Basilius explizit absetzt. Der *scholé* und der *theoría* kommt in diesen Zusammenhang gerade ein *kritisches Potenzial* zu, insofern sie einen *Aufstieg* zum rechten Gottesverständnis aufzeigen (3.4). In diesem Aufstieg zeigt sich die Standortbestimmung der christlichen Theologie, die sich als Überstieg und *Vollendung* der paganen Philosophie versteht.

Augustinus

Der östlich-griechischen Tradition von *scholé* begegnet die westlich-lateinische Tradition mit Konzeptionen des *otium*.

---

[19] Vgl. Basilius von Caesarea, *Discorso ai giovani. Oratio ad adolescentes*, Biblioteca Patristica, Bd. 3, hg. v. Mario Naldini, Florenz 1984, IX 1.

[20] Vgl. Basilius von Caesarea, *Hom. in Hex.*, I 6.

Dabei ist wiederum die Bewertung verschiedener Muße-Formen auffällig, denn die christliche Tradition mit Augustinus betont zunächst die *Unterscheidung verschiedener otium-Formen*:

> „‚Handelt in Muße' (*agite otium*), heißt es, ‚und erkennt, dass ich der Herr bin' (Ps. 46,11). Nicht die Muße (*otium*) eines trägen Nichtstuns (*otium desidiae*) ist hier gemeint, sondern die Muße des Denkens (*otium cogitationis*), dass ihr euch räumlicher und zeitlicher Vorstellungen entledigt; denn es sind die Einbildungen von Aufgeblähtheit und Unbeständigkeit, die es nicht erlauben, eine beständige Einheit zu sehen. […] Sie also wird zur Muße gerufen, das heißt dazu, nicht länger das zu lieben, was man ohne Leid nicht lieben kann. Nur so nämlich wird sie ihr Herr. Nur so wird sie nicht mehr von ihnen unterdrückt, sondern herrscht über sie."[21]

Die eigentliche Muße hängt demnach für Augustinus an den wahrhaft beständigen Dingen, die nicht der Zeit und dem Raum unterworfen sind, und der Geist nährt sich von den Gedanken und Betrachtungen (*theoriis*) dieser Dinge. Der Begriff der *theoría* kommt im Werk des Augustinus selbst nur vereinzelt vor und wird im Lateinischen durch *partielle Entsprechungen* wie *speculatio*, *contemplatio*, *meditatio* und *visio* wiedergegeben. Die vollkommene Schau (*visio*) meint ein vollkommenes Haben Gottes und zeigt an, dass diese Schau hier bis zu Gott selbst vordringen kann, insofern sich das zu Schauende zu den Menschen bewegt hat (Offenbarung).[22] Dies ist ein grundlegender Unterschied zum pagan-neuplatonischen Denken, nach dem das absolute Prinzip der vollkommenen Einheit keiner *theoría* zugänglich ist, weil

---

[21] Aurelius Augustinus, *De vera religione*, übers. und hg. v. Josef Lössl, Paderborn 2007, 65.

[22] Aurelius Augustinus, *Selbstgespräche – Soliloquia*, übers. v. Hanspeter Müller, hg. v. Harald Fuchs, 3. Aufl., München 2002, I.

diese immer schon eine Entzweiung von Betrachtendem und Betrachtetem voraussetzt.

Dies markiert einen entscheidenden Unterschied: Die *theoría* des spätantiken Neuplatonismus ist ein universelles Streben nach Verwirklichung und Einheit, die *theoría* des lateinischen Christentums in der Tradition Augustins ist hingegen einzig auf Gott hin gerichtet und soll zum Haben Gottes im Sinne eines Ruhens in ihm führen. Praxis gilt für Augustinus dabei nicht als „unwürdiger" Gegensatz zur *theoría*. Entscheidend ist vielmehr die rechte Verbindung zwischen der Betätigung in der Welt und dem Wissen um den Grund dieser Betätigung (*uti-frui*-Lehre). Der bloße Rückzug geziemt dem Gläubigen im Allgemeinen nicht, da dies seinem Auftrag in der Welt zuwiderliefe. Auch Augustinus selbst hat sich immer wieder, bei aller intellektuellen Betätigung, zur konkreten Sorge um die Mitmenschen ermahnt; die vollkommene Erfüllung des *theoría*-Strebens scheint außerdem auch erst eschatologisch und allein dem Menschen möglich zu sein.

2.3 Achtsamkeit und Muße

Unter Achtsamkeit versteht man eine gezielte Lenkung des eigenen Bewusstseins auf den gegenwärtigen Moment, die von einer beobachtenden, offenen und akzeptierenden Grundhaltung begleitet wird. Die gezielte Einübung der Achtsamkeit kann das Auftreten von Muße begünstigen, aber nicht erzwingen. Achtsamkeit und Muße sind Zustände, die von Gegenwartsorientierung, Hinwendung zur Erfahrung, Selbstbestimmung und Entfunktionalisierung geprägt sind, sich aber hinsichtlich ihres Zugangs und ihres emotionalen Erlebens signifikant unterscheiden können. Die Technik der Achtsamkeit lässt sich damit als eine Praxis der Transgression in die Muße verstehen.

Die Achtsamkeitspraxis

Die Praxis der Achtsamkeit bezieht sich auf intentionale Prozesse der bewussten Selbstregulation und Selbststeuerung. Dabei versuchen die Praktizierenden sich ihrer momentanen Situation und der momentanen Erlebnisse bewusst zu werden. Man spricht hier auch von *Gewahrsein*.[23] Ein solches Gewahrsein der momentanen Bewusstseins- und Erlebnisinhalte stellt einen selbstreferentiellen Prozess dar: Das Bewusstsein ist sich seiner selbst bewusst. Erlebt wird dieser Prozess als ein inneres Beobachten.

Diese Beobachtungsperspektive einzunehmen und der eigenen Bewusstseinsprozesse gewahr zu sein, ist ein einfacher Schritt, mit dem die meisten Menschen vertraut sind.[24] Allerdings geht diese Perspektive meist, bedingt durch innere oder äußere ablenkende Reize, schon nach wenigen Minuten verloren. Es bedarf einer intentionalen *Aufmerksamkeitsregulation*, um diesen Zustand über einen längeren Zeitraum hinweg aufrechtzuerhalten, oder, wenn er verloren gegangen ist, ihn wieder einzunehmen. Eine solche kontinuierliche intentionale Aufmerksamkeitsregulation kann durch regelmäßiges Üben im Sinne einer Achtsamkeitspraxis verbessert werden. Zentral für dieses Bemühen ist es, mit den momentanen Bewusstseinsinhalten nicht oder nur wenig kognitiv zu interagieren, sprich, sich so wenig wie

---

[23] Stefan Schmidt, „‚Achtsamkeit'. Ein buddhistisches Konzept erobert die moderne Gesundheitsforschung", in: *Freiburger Universitätsblätter* 102 (2013), 107–126; Stefan Schmidt, „Was ist Achtsamkeit? Herkunft, Praxis und Konzeption", in: *Sucht*, 60/1 (2014), 13–19; Britta Hölzel/Christine Brähler (Hg.), *Achtsamkeit mitten im Leben. Anwendungsgebiete und wissenschaftliche Perspektiven*, München 2015.

[24] Vgl. Stefan Schmidt, „Achtsamkeit und gesunde Lebensführung", in: Hans-Wolfgang Hoefert/Christoph Klotter (Hg.), *Gesunde Lebensführung. Kritische Analyse eines populären Konzepts*, Bern 2011, 192–208.

möglich Gedanken und Assoziationen zu diesen zu machen. Es wird hier oft auch von einem ‚reinen' oder nicht identifizierenden *Beobachten* gesprochen. Eng damit verknüpft ist der *Erfahrungsbezug*, der ein weiteres Bestimmungsstück der Achtsamkeit ist. Gemeint ist damit, dass eine achtsame Haltung sich nie intellektuell oder kognitiv vom Gegebenen löst, sondern immer im *direkten, gefühlten Kontakt* mit den gegenwärtig erlebten Erfahrungen ist. Diese können sowohl sinnlich gebunden sein, als sich auch auf die momentanen Gefühle und Gedanken beziehen.

Weiterhin umfasst die Achtsamkeit neben dem Gewahrsein des Gegenwärtigen und dem Erfahrungsbezug eine bestimmte Haltung, in der diese Gegenwärtigkeit vollzogen werden soll. Diese Haltung ist, neben der inneren Zurückhaltung im Sinne des reinen Beobachtens, von den Qualitäten der Akzeptanz, der Neugier und Offenheit, sowie einer liebevollen Hinwendung geprägt. In diesem Sinn beschreibt der Amerikaner Jon Kabat-Zinn die Praxis der Achtsamkeit „as moment-to-moment, non-judgemental awareness, cultivated by paying attention in a specific way, that is, in the present moment, and as nonreactively and as non-judgmentally and openheartedly as possible".[25]

Die buddhistischen Ursprünge der Achtsamkeit und ihre Fortentwicklung

Die so verstandene Achtsamkeit ist zentrales Bestandsstück der buddhistischen Lehre und Praxis. Diese Praxis wird in verschiedenen Formen der Achtsamkeitsmeditation ausgeübt. Ziel ist es aber, diese präsente, beobachtende und akzeptierende Grundhaltung außerhalb der formalen

[25] Jon Kabat-Zinn, *Coming to our senses. Healing ourselves and the world through mindfulness*, New York 2005, 108.

Meditation in allen Alltagshandlungen und gegenüber allen Erlebensbereichen einzunehmen. Aus der buddhistischen Perspektive ist der Zweck dieser leicht zurückgenommenen, aber wohlwollenden Beobachtung, zu Erkenntnissen über die Funktionsweise des eigenen Bewusstseins zu gelangen und sich durch diese Einsichten aus den eigenen leidschaffenden psychischen Bedingtheiten (Bedürfnisse, Abneigungen, Verstrickung in Emotionen etc.) zu befreien. Aus einer psychologischen Perspektive könnte man hier davon sprechen, dass gelernte Reiz-Reaktionsbedingungen der automatisierten Ausführung durch Bewusstwerdung entzogen werden und es so zu einer De-Konditionierung bzw. einem Umlernen kommen kann.[26]

Kabat-Zinn kam in den 1970er Jahren in Kontakt mit verschiedenen buddhistischen Praktiken. Als er in einem klinischen Kontext mit chronischen Schmerzpatienten arbeitete, versuchte er, buddhistische Techniken zur Achtsamkeitsschulung einzusetzen, allerdings in einer säkularen Präsentation ohne einen expliziten Rückgriff auf die Herkunft und den religiösen Kontext, aus dem diese Übungen stammten. Auf dieser Basis konzipierte er 1979 ein achtwöchiges Kursprogramm.[27] Bei dieser sogenannten „Achtsamkeitsbasierten Stressreduktion" („Mindfulness-Based Stress Reduction", MBSR) handelt es sich um eine in Gruppen gelehrte, dann aber auch einzeln anzuwendende Übungspraxis, in der eine wache, nicht-wertende Aufmerksamkeit gegenüber Sinneseindrücken entwickelt werden soll. Die säkulare Präsentation

---

[26] Vgl. Britta K. Hölzel u.a., „How Does Mindfulness Meditation Work? Proposing Mechanisms of Action From a Conceptual and Neural Perspective", in: *Perspectives on Psychological Science* 6,6 (2011), 537–559; Shauna L. Shapiro u.a., „Mechanisms of Mindfulness", in: *Journal of Clinical Psychology* 62,3 (2006), 373–386.

[27] Vgl. Jon Kabat-Zinn, *Gesund durch Meditation. Das grosse Buch der Selbstheilung*, München 2001.

dieser Praktiken machte das Konzept der Achtsamkeit in den folgenden drei Jahrzehnten auch außerhalb buddhistisch motivierter Kontexte populär. Es zeigte sich, dass die Praxis der Achtsamkeit nicht notwendigerweise spirituellen Motiven entspringen muss, sondern auch für säkulare Belange und Interessen eingesetzt werden kann. Dabei ist zu beachten, dass durch die Säkularisierung auch die ursprüngliche Einbindung in die normative buddhistische Lehre aufgelöst wird. Dies betrifft besonders die ethische Perspektive. Eine säkulare Achtsamkeit, wie sie zum Beispiel im MBSR-Programm unterrichtet wird, versteht sich daher als nicht-normativ und sieht sich nicht an eine bestimmte Ethik gebunden. Nichtsdestotrotz gehen viele LehrerInnen dieser Methode davon aus, dass sich aus dieser Praxis eine ethisch orientierte Lebensweise entwickelt.

Formen der Achtsamkeitspraxis

Die Übungen unterteilen sich in *formale Meditationsübungen* und eine sogenannte *informelle Achtsamkeitspraxis*. In der Achtsamkeitsmeditation übt man, seine Aufmerksamkeit auf einem selbstgewählten Fokus zu richten und zu halten und dabei die oben erwähnte Haltung von Akzeptanz, Offenheit und liebevoller Zuwendung einzunehmen. Der Fokus kann dabei zum Beispiel auf dem eigenen Atem liegen (Sitzmeditation), darauf, dass man die Aufmerksamkeit sequentiell auf jeden einzelnen Körperteil lenkt (Bodyscan), oder dass man sich der Wahrnehmung der eigenen Körperbewegungen zuwendet (Gehmeditation). Zentrales Moment ist die Akzeptanz gegenüber allen Erfahrungen, die sich in der Übung ergeben, wie zum Beispiel Schmerz, Ablenkung oder aufkommende Emotionen. Im Unterschied zu anderen Meditationstechniken wird hier also nicht versucht, bestimmte alltagsfernere Geisteszustände zu erreichen, sondern stattdessen den gegebenen Zustand, sei er angenehm oder unangenehm, als solchen zu akzeptieren. Es steht das Nichthandeln und Nichtreagieren im Vordergrund und damit auch die Vermeidung einer Funktionalisierung einer solchen Praxis. Von einer *informellen* Achtsamkeitspraxis spricht man, wenn diese achtsame Grundhaltung bei der Verrichtung von Alltagshandlungen ebenfalls angewandt wird. So kann man sich auch beim Händewaschen, Treppensteigen oder bei Haushaltstätigkeiten darin üben, mit der oben skizzierten Haltung den Fokus auf das eigene Tun zu richten (also zum Beispiel das Wasser auf der Haut zu spüren).

Eine solche Achtsamkeitspraxis hat in den letzten dreißig Jahren in einer Vielzahl empirischer Untersuchung im klinischen und nicht-klinischen Zusammenhang deutliche Effekte gezeigt,[28] die im Umgang mit chronischen Erkrankungen, mit negativen Emotionen wie Angst oder Depression, sowie bei der Stressbewältigung zur Geltung kommen können. Auch im schulischen Kontext erwiesen sich achtsamkeitsbasierte Programme als effektiv.[29] Psychologisch lassen sich diese Effekte durch den Erwerb von Kompetenzen bei der Aufmerksamkeits- und der Emotionsregulation, einer verbesserten Körperwahrnehmung und Körperaufmerksamkeit sowie einer veränderten Perspektive auf das Selbst erklären.[30]

---

[28] Als Überblick vgl. Rinske A. Gotink u.a., „Standardised Mindfulness-Based Interventions in Healthcare: An Overview of Systematic Reviews and Meta-Analyses of RCTs", in: *PLoS ONE* 10,4 (2015).

[29] Vgl. Charlotte Zenner, Solveig Herrnleben-Kurzu, Harald Walach, „Mindfulness-based interventions in school. A systematic review and meta-analysis", in: *Frontiers in Psychology* 5 (2014).

[30] Vgl. Hölzel u.a., „How Does Mindfulness Meditation Work? Proposing Mechanisms of Action From a Conceptual and Neural Perspective".

Therapeutische Bedeutung der Achtsamkeit und gesellschaftliche Relevanz

Ziel einer säkularisierten Achtsamkeitspraxis in unserer (post-)modernen Gesellschaft kann daher die Herbeiführung oder Stärkung einer überdauernden Grundhaltung sein, die sich einem von Beschleunigung, ständigem Gehetzt- und Abgelenktsein geprägten Leben im Reiz-Reaktions-Modus und einem automatischen Mitgehen mit konventionellen Standardbewertungen bewusst enthebt. Dies kann einen Zugewinn an wahrgenommener Freiheit bedeuten, da durch ein achtsames Innehalten und Aufbrechen der automatisierten Gedanken- und Handlungsmuster ein selbstbestimmterer Möglichkeitsraum entstehen kann (3.3). Dieser Möglichkeitsraum kann Bewusstwerdungs- und Reflexionsprozesse zu Tage fördern, im Zuge derer sich das Individuum über seine Prioritäten und Präferenzen, Bedürfnisse und Wertsysteme klarer werden und sein Handeln entsprechend ausrichten kann. In diesem Sinne kann eine verinnerlichte Praxis der Achtsamkeit dazu führen, dass sich die gelebte und erlebte Selbstbestimmung des Einzelnen in seinem jeweiligen Kontext erhöht.[31] Diese Kontextbewusstheit teilt die Achtsamkeit mit der Gelassenheit (2.4).

Aufgrund der therapeutischen Effekte der modernen Achtsamkeitspraktiken werden sie mittlerweile in vielfältigen Kontexten eingesetzt. Ausgehend von der klinischen Anwendung bei PatientenInnen, hat die Achtsamkeit ihren Weg in berufliche und pädagogische Kontexte gefunden.[32] Im Zuge

[31] Vgl. Bauer, *Selbststeuerung*.

[32] Vgl. Bauer, *Arbeit*; Nicole Stern, „Achtsamkeit im Berufsalltag“, in: Britta Hölzel/Christine Brähler (Hg.), *Achtsamkeit mitten im Leben. Anwendungsgebiete und wissenschaftliche Perspektiven*, München 2015, 243–272; Lea Waters u.a., „Contemplative Education. A Systematic, Evidence-Based Review of the effect of Meditation Interventions in

dieser Popularisierung droht allerdings die gesellschaftliche Funktionalisierung eines Verfahrens, dessen Essenz gerade in der Abkehr von jeglicher Funktionalisierung besteht. Kollektive stresserzeugende Bedingungen und Entwicklungen können durch Achtsamkeitspraxis und Stressbewältigung der Einzelnen aufgefangen werden und somit das stresserzeugende System stabilisieren. Damit wird jedoch ein kollektiv entstandenes Problem individualisiert und auf die Einzelnen abgewälzt. Die Verfügbarkeit solch effektiver Methoden kann dazu führen, dass Achtsamkeitspraxis und Meditation, die heute noch ein Ausdruck individueller Freiheit sind, bald zum guten Ton oder gar zum kollektiven Zwang werden, um im allgemeinen gesellschaftlichen Trend von Beschleunigung und Zeitverdichtung mithalten zu können.[33]

Auf der anderen Seite kann die Praxis der Achtsamkeit auch dabei helfen, dass die Praktizierenden verändernd in die kulturelle Entwicklung eingreifen und Werte entwickeln, die der kollektiven Funktionalisierung, Beschleunigung und dem Druck zu immer mehr Wachstum und Konsum entgegenwirken. Denn ein Geübtsein in der Praxis der Achtsamkeit ermöglicht einen positiven Zugang zu Momenten des Innehaltens, des Nichtstuns, der Entfunktionalisierung und eigenen Selbstbeschränkung. Achtsamkeit als populäre Methode könnte also auch eine gesellschaftliche Aufwertung

---

Schools", in: *Educational Psychology Review* 27,1 (2014), 103–134; Philip David Zelazo u. Kristen E. Lyons, „The Potential Benefits of Mindfulness Training in Early Childhood. A Developmental Social Cognitive Neuroscience Perspective", in: *Child Development Perspectives* 6,2 (2012); Zenner, Herrnleben-Kurz, Walach, „Mindfulness-based interventions in school. A systematic review and meta-analysis"; Vera Kaltwasser / Klaus Hurrelmann (Hg.), *Achtsamkeit in der Schule. Stille-Inseln im Unterricht: Entspannung und Konzentration*, Weinheim 2008.

[33] Vgl. Stefan Schmidt, „Vom Meditieren in der beschleunigten Leistungsgesellschaft. Kulturveränderung oder Konsumprodukt?", in: *Buddhismus aktuell* 2 (2015), 22–25.

solcher Werte und Praktiken mit sich bringen und einen entsprechenden Diskurs ermöglichen.

Ob die Popularität der Achtsamkeit nun gesellschaftliche Leistungserwartungen affirmiert oder selbst einen positiven Impuls zur Veränderung kollektiver Sichtweisen herbeiführt, wird zentral von der zugrundeliegenden *Motivation* zur Praxis bestimmt. Auf individueller Ebene widmen sich Menschen der Achtsamkeit zunächst aus eigenen Interessen und Bedürfnissen. Jedoch kann sich die individuelle Motivation dahingehend unterscheiden, ob sie einem Konformitätswunsch (zum Beispiel individuelle Leistungssteigerung, Selbstoptimierung) oder einem Wunsch nach tiefergehender Einsicht und Veränderung entspringt. Im idealen Falle kann die Achtsamkeit mit ihrem inhärenten subversiven Potenzial dazu beitragen, dass verinnerlichte gesellschaftliche Erwartungen reflektiert und auferlegte Handlungen unter Umständen auch bewusst abgelehnt und unterlassen werden. Damit kann die Achtsamkeit dem Bewusstsein eigener Freiheit (3.2) und Selbstbestimmung (3.3) dienlich sein.

Achtsamkeit und Muße

In diesem Kontext kommt dem Begriff der *Muße* eine entscheidende Rolle zu. Achtsamkeitsbasierte Stressbewältigung wird immer ein Versuch sein, auf *individueller* Ebene sozialer Beschleunigung und Zeitverdichtung entgegenzuwirken. Im *gesellschaftlichen* Diskurs ist es der Begriff der Muße als ein in unserer Kultur historisch verankertes Konzept, der dazu geeignet ist, die Themenbereiche des Innehaltens, des Rückzugs und des Konsumverzichts zu reflektieren. Damit bietet der Diskurs um Muße Deutungsmuster für das, was auch in der Achtsamkeitsmeditation und -praxis erlebt und eingeübt wird. Die Muße kann somit den in der individuellen

Meditations- und Alltagspraxis entwickelten Impuls in einem weiteren diskursiven Rahmen verorten.

Der wesentliche, aber problematische Schnittpunkt von Muße und Achtsamkeit ist der Aspekt der *Funktionalisierung*. Hier zeigt sich bereits innerhalb der Achtsamkeitspraxis ein Paradox, da sie als Technik eine funktionale Praxis darstellt, die es sich zum Ziel setzt, einen entfunktionalisierten Zustand zu erreichen. Dieses Paradox kann auf zwei Ebenen aufgelöst werden. Es zeigt sich, dass das entfunktionalisierte Erleben lediglich von der die Achtsamkeitspraxis veranlassenden funktionalen Ausrichtung eingerahmt ist. Dies bedeutet aber nicht, dass auch innerhalb dieses Rahmens funktional gehandelt wird. Hat man sich erst einmal zu einer Meditation hingesetzt, kann man sich hier durch den praktizierten Gegenwartsbezug, der zukünftige Ziele und damit Funktionalisierungstendenzen in den Hintergrund drängt, vermehrt den direkten und damit entfunktionalisierten Erfahrungen zuwenden. In der informellen Achtsamkeitspraxis kann es sogar gelingen, durch den Wechsel der Orientierung auf den gegenwärtigen Moment funktionale Tätigkeiten zu entfunktionalisieren. Dies ist die zweite Möglichkeit, das genannte Paradox sogar innerhalb derselben Tätigkeit aufzulösen.

Hinsichtlich ihrer Funktionalisierung zeichnet es die Achtsamkeit also aus, dass sie das scheinbare Paradox der funktionalen Entfunktionalisierung erfolgreich aufzulösen vermag. Als Technik der Transgression von Funktionszusammenhängen kann Achtsamkeit deshalb auch einen Übergang in die Muße schaffen. Das Erleben von Muße und das achtsame Erleben sind jedoch keineswegs gleichzusetzen. So wird das Erleben von Muße nicht notwendigerweise, jedoch häufig mit einem positiven emotionalen Zustand assoziiert. Interessanterweise gilt dies für die Achtsamkeit nicht. Achtsamkeit bedeutet immer radikale Akzeptanz dessen, was ist. Daher kann auch das Gewahrsein von Wut, Ärger oder Traurigkeit ein achtsamer Zustand sein und Momenten der Krise Raum zur Bewältigung eröffnen (3.4). Die kontinuierliche Praxis der Achtsamkeit schult die Kompetenz im Wechsel von betriebsamer Tätigkeit zu Momenten der Ruhe und des Innehaltens und entwickelt die Qualitäten der Gelassenheit und Entspannung, die ein positiv erlebtes Innehalten benötigt.

2.4 Gelassenheit und Muße

Gelassenheit ist eine Disposition zur Muße. Zwar ist Muße immer auch von äußeren Bedingungen abhängig, Gelassenheit aber erleichtert es, so etwas wie die innere Ruhe zu dem zu finden, was man in Muße tun möchte. Gelassenheit ist eine innere Einstellung, die Muße, welche die äußeren Umstände bieten, auch zu erfahren.

Semantik der Gelassenheit

In begrifflichen Konstellationen der Muße gibt es wenige Termini, deren Geschichte und gegenwärtige Semantik so heterogen ist wie jene der Gelassenheit. Deutlich wird dies in Thomas Strässles kulturgeschichtlichem Essay zur Gelassenheit, der die Semantik der Gelassenheit zwar nicht historisch untersucht, aber doch deren Breite und Heterogenität dadurch eindrucksvoll belegt, aus deutschen Wörterbüchern der letzten drei Jahrhunderte Synonyme der Gelassenheit zusammenzutragen. Diese Liste enthält die folgenden 63 Einträge:

Abgeklärtheit, Ausgeglichenheit, Ausgewogenheit, Bedacht, Bedachtsamkeit, Bedächtigkeit, Beherrschtheit, Beherrschung, Beschaulichkeit, Besinnlichkeit, Besonnenheit, Contenance, Coolness, Demut, Dickfelligkeit, Disziplin, Ergebenheit, Erhabenheit, Ernst, Fassung, Frieden, Geduld, Gefasstheit, Gefühllosigkeit, Gemächlichkeit, Gemessenheit, Gemütlichkeit, Gemütsruhe, Geruhsamkeit, Gesetztheit, Gleichgewicht, Gleichgültigkeit, Gleichmaß, Gleichmut, Kaltblütigkeit, Kühle, Langmut, Langsamkeit, Leidenschaftslosigkeit, Mäßigung, Milde, Muße, Ruhe, Seelenruhe, Selbstbeherrschung, Souveränität, Stille, Stoizismus, Teilnahmslosigkeit, Tranquilität, Überlegenheit, Überlegtheit, Umsicht, Unanfechtbarkeit, Unbefangenheit, Unbeirrbarkeit, Unbekümmertheit, Unempfindlichkeit, Unerschrockenheit, Unerschütterlichkeit, Untätigkeit, Zufriedenheit, Zurückhaltung.[34]

Diese chaotisch anmutende Zusammenstellung macht die Schwierigkeit deutlich, sich auf dem Wege einer Diskussion der Semantik dem Thema der Gelassenheit zu nähern. Anstatt uns mit dieser so ausführlich auseinanderzusetzen, wie dies etwa in der Beschäftigung mit diesen Synonymen gefordert wäre, versuchen wir in diesem Abschnitt etwas anderes: Wir gehen von der These aus, dass Gelassenheit eine Art und Weise bezeichnen kann, *wie* Menschen handeln. Als vereinfachte Semantik erörtern wir deshalb das *Lassen* als Handlungsmodus, der sich vom *Wollen* und *Machen* abgrenzen lässt. Wir verzichten auf eine historische Erörterung des Begriffs, der in der spätmittelalterlichen Philosophie und mystischen Literatur geprägt wurde.[35]

Gelassenheit und Handeln

Der genannten Ausgangshypothese folgend lässt sich Gelassenheit als eine Haltung beschreiben, die Menschen

[34] Thomas Strässle, *Gelassenheit. Über eine andere Haltung zur Welt*, München 2013, 23.

[35] Vgl. hierfür Burkhard Hasebrink/Susanne Bernhardt/Imke Früh (Hg.), *Semantik der Gelassenheit. Generierung, Etablierung, Transformation*, Göttingen 2012.

gegenüber ihrer Umwelt einnehmen können. Sichtbar wird diese Haltung in eminenter Weise darin, etwas gelassen zu *tun*. Gelassen zu sein stellt damit keinen Gegensatz zu dem Gedanken dar, Menschen seien durch ihr Handeln bestimmt. Gelassenheit zielt nicht auf eine Abkehr von der *vita activa* und einer Hinwendung zur *vita contemplativa*[36], sondern versucht, deren Gegensatz von einem Subjekt her zu unterlaufen, das die Haltung der Gelassenheit einnehmen kann.

Dementsprechend ist Gelassenheit auch an keine Tätigkeit geknüpft, etwa an die Kontemplation. Es gibt sicherlich Umstände, unter denen es leichter fällt, gelassen zu bleiben und gelassen zu handeln. Dennoch ist Gelassenheit eine potenziell jedes menschliche Handeln begleitende Haltung. Mit ihr realisiert sich jedoch nicht nur – wie in den Tugenden – eine jeweils definierte Möglichkeit guten Handelns.

Die Gelassenheit erweist vielmehr die Möglichkeit menschlicher Freiheit in der Realisierung individueller Existenz. Was es heißt, im Modus der Gelassenheit zu handeln, lässt sich dabei am Verb *lassen* erläutern: Gelassen zu handeln schließt immer auch ein *Lassen* in irgendeiner Form ein. Etwas zu *lassen*, bedeutet keinen Verzicht auf das Tun; gemeint ist vielmehr ein Sein- und Geltenlassen, das vor der Unterscheidung von Tun und *Unterlassen* (als dem Gegensatz des Tuns) liegt. Etwas in diesem Sinne zu lassen, bedeutet auch, das eigene Tun geschehen zu lassen. Denn in dem, was man tut, ist niemals alles zu kontrollieren; man könnte keinen Fuß vor den anderen setzen, wenn man das wollte. Vieles von dem, was man tut, wird *unwillkürlich* getan.[37]

---

[36] Vgl. Hannah Arendt, *Vita activa oder vom tätigen Leben*, München u. a. 2013.

[37] Zum Begriff unwillkürlichen Tuns besonders in der Kunst, vgl. Günter Figal, *Unwillkürlichkeit. Essays über Kunst und Leben*, Freiburg 2016.

Diese Form des Tuns kann näher beschrieben werden in Abgrenzung von zwei anderen Begriffen, die für Handeln als paradigmatisch angesehen werden können, nämlich *Machen* und *Wollen*. Durch diesen Vergleich tritt das Eigentümliche des *Lassens* als Grundmodus des Tuns hervor.

Gelassenheit und Machen

Lassen als Handlungsmodus steht in größtmöglichem Kontrast zum *Machen*. Orientiert man das eigene Handeln am Machen oder Herstellen[38] – wie es in den problematischen Ausformungen menschlicher Arbeit geschieht –, ist es auf möglichst große Kontrolle hin ausgelegt. Erfolgsorientierte Rationalität erscheint als kontrollierendes Zentrum des Verstehens von Situationen.

Gelassenes Handeln steht im Kontrast dazu: Gelassene Menschen sind gerade keine ‚Macher'. Das eigene Handeln, sofern es gelassen erfolgt, wird nicht allein im Kontext der unmittelbaren Zielerreichung verstanden. Vielmehr gewinnt die Handlung einen anderen Sinn, wenn zu dem engen Fokus auf das Handlungsziel ein weiterer Kontext hinzutritt. Dadurch, dass gelassene Menschen ihr Handeln mit einem Verständnis begleiten, das über die Erfolgskriterien ihres konkreten Projekts hinausgeht, können sie auch Scheitern in einem größeren Zusammenhang sehen und Krisen leichter akzeptieren (3.4). Während es für das Machen keine Verstehensmöglichkeiten jenseits der eigenen Absichten gibt, gilt für das Lassen genau das Umgekehrte: Der Sinn einer Handlung erfüllt sich hier erst jenseits des sicher Erwartbaren, also erst wenn es das geplante Tun überschritten ist.

---

[38] Vgl. Arendt, *Vita activa*, 161–212.

Gelassenheit und Wille

Auch von der Bestimmung des Menschen über seinen *Willen* und das Modell des *Wollens* lässt sich Gelassenheit abgrenzen. Dabei ist entscheidend, dass das Lassen nicht einfach die Negation des Wollens ist. Wird menschliches Leben als wesentlich willensgelenkt beschrieben, wird das Lassen vielmehr zu einer unverständlichen Ausnahme. Es entsteht das von Heidegger so benannte Paradox des „Wollens des Nichtwollens“[39]. Eine mögliche Lösung dieses Paradoxes besteht darin, von *dem Willen* als einer übergeneralisierten Beschreibung menschlichen Lebens *das Wollen* – als Inbegriff in Handlungen zu Tage tretender Entscheidungen – zu unterscheiden. Gelassenheit kann dann durch eine „Spur des Wollens“[40] befördert werden, ohne damit zu einem unverständlichen Gegensatz zu einer metaphysischen Überhöhung des Wollens zu werden, deren Extemfall es ist, ‚den Willen‘ als eine eigene Entität zu behandeln.

Gelassenheit ist in der Philosophiegeschichte wirkmächtig als Willensverzicht in einer willensdominierten Welt beschrieben worden. Dadurch stellt Gelassenheit eine paradoxe Form negativer Freiheit dar.[41] In dieser Konzeption ist etwa bei Schelling „der Wille, der nichts will“[42] als Gegenmodell zur Struktur des Wollens zu verstehen. Das Wollen impliziert in diesem Verständnis eine tragische Situation des Ich, das im

[39] Martin Heidegger, *Feldweg-Gespräche (1944/45)*, Gesamtausgabe, Bd. 77, hg. v. Ingrid Schüßler, 2., durchges. Aufl., Frankfurt a. M. 2007, 59.

[40] Heidegger, *Feldweg-Gespräche*, GA 77, 142–143.

[41] Vgl. Lore Hühn, „Der Wille, der nichts will. Zum Paradox negativer Freiheit bei Schelling und Schopenhauer“, in: Lore Hühn/Philipp Schwab (Hg.), *Die Ethik Arthur Schopenhauers im Ausgang vom deutschen Idealismus (Fichte/Schelling)*, Würzburg 2006, 149–160.

[42] F. W. J. Schelling, *Die Weltalter. Fragmente*, hg. v. Manfred Schröter, München 1946, 14.

Wissen-Wollen gerade durch seinen Willen das Intendierte als Objekt setzt und es somit vernichtet. Die tragische Unumgänglichkeit dieses Wissen-Wollens – „Wissen wollen hängt nicht von dem Menschen ab, er will wissen, eh' er weiß, daß er wissen will“[43] –, verkehrt Freiheit in Unfreiheit und Selbstentfremdung des Menschen. Dem ist nur dadurch zu entgehen, dass Menschen in ihrem Selbstverständnis auf das Paradigma des Wollens selbst verzichten. Dadurch wird das Handlungssubjekt nicht allein durch den eigenen Willen bestimmt, sondern als wesentlich mit seiner Umgebung verbunden gedacht. Als derart ‚ekstatisch' öffnet sich das Subjekt, ohne vergeblich zu versuchen, seine eigene Freiheit absolut zu setzen.

Damit dient der menschliche Wille nicht mehr allein als Schlüssel des Weltverstehens. Gegen seine ontologische Überhöhung tritt das Wollen vielmehr allein als Handlungsfreiheit hervor: ‚Ich *will* dieses' bedeutet dann, dass ich mich dafür entscheide und dementsprechend handele. Gegenüber dieser Entscheidung zwischen Optionen verhält sich die Gelassenheit aber neutral. Im Gegenteil affirmiert eine gelassene Haltung gerade die Einbettung des Subjekts in Situationen mit konkreten Handlungsoptionen gegenüber einer Fixierung auf dessen eigenes Wollen, auf Ziele und Absichten im Unterschied zu diesen Optionen. Gelassen zu sein bedeutet dann gerade keine Negation des Wollens, sondern dessen Relativierung durch Einbettung in einen gegebenen Kontext.

Gelassenheit als Haltung

Ein ähnliches Problem entsteht, wenn man sich im Bedeutungsspektrum des Lassens an den Präfixbildungen *Weg-*

---

[43] F. W. J. Schelling, *Initia philosophiae universae. Erlanger Vorlesung WS 1820/21*, hg. v. Horst Fuhrmans, Bonn 1969, 62.

lassen, *Loslassen* oder *Zulassen* orientiert. Denn dann wird, wie in der Orientierung am Machen und Wollen, nur negativ bestimmt, was man nicht tut, nicht aber positiv bestimmt, wie gelassen gehandelt wird. Gelassenheit wird nicht als Form positiver Freiheit verständlich (3.2). Daher führt beim Versuch, das Lassen als eigenen Handlungsmodus im Unterschied zum Machen und Wollen zu fassen, die reflexive Form des „Sicheinlassens“[44] am Weitesten: Indem man sich auf eine Handlungssituation ohne vorgegebene Ziele oder den Wunsch, an Entscheidungen festzuhalten, einlässt, wird es leichter möglich, das dieser Situation Angemessene zu tun, ohne dafür eine wesentliche Determination der Situation annehmen zu müssen.

Gelassenheit als Haltung zielt darauf, jedes Handeln in Orientierung am Lassen ausführen zu können, und damit auf die Formung der eigenen ‚zweiten Natur‘. Als Disposition würde Gelassenheit darin bestehen, handlungsleitende Entscheidungen für jeweilige Handlungsmöglichkeiten habituell als unbestimmt zu begreifen. Akteure können also durchaus etwas wollen und auf dessen Realisierung hinarbeiten, dies aber dennoch gelassen tun. Gelassenheit ist kein habitueller Willensverzicht: Ich entscheide mich nicht dafür, nicht zu wollen oder nichts zu wollen. Vielmehr bin ich als gelassen Handelnder sowohl gegenüber dem Erfolg meiner Handlung als auch gegenüber deren Sinn unabhängig. Anstatt den Sinn meiner Handlung durch ein festgelegtes Ziel (Machen) oder einen dominanten Willen (Wollen) kontrollieren zu wollen, vollziehe ich gelassenes Handeln in dem Wissen darum, dass meine Handlung in einer Welt geschieht, die sich meiner Kontrolle letztlich entzieht. Gelassenheit akzeptiert also die Doppelnatur von Handlungen als intentionalem Tun einerseits und in die Welt eingebettetem Geschehen andererseits.

[44] Heidegger, *Feldweg-Gespräche*, GA 77, 143.

Entsprechend gibt es auch keine Praktiken, die – etwa weil sie einen Willensverzicht einüben – dafür besonders geeignet wären, Gelassenheit zu habitualisieren. Vielmehr kommt es allein auf das beschriebene – explizite oder implizite – Selbstverständnis im Tun an. Dieses ist wesentlich als Handeln in einer Welt zu verstehen, die sich dem Verständnis und subjektiver Kontrolle letztlich entzieht – wäre dies nicht so, brauchte es gar keine Gelassenheit.

Gelassenheit und Weltbezug

Bereits weil Gelassenheit ein Modus des Handelns ist, kann sie kein Rückzug auf eine „innere Burg" sein[45], die von der Umwelt gänzlich isoliert ist. Gelassenheit als Seelenruhe – wie sie etwa Seneca beschreibt[46] – ist nur die negative Bedingung dafür, sich der Umwelt in freier Weise zuzuwenden. Lässt man sich derart auf eine Situation ein, dann kommt der Sinn dieser Situation in besonderer Weise zur Geltung. Für eine Haltung der Gelassenheit ist deshalb das Weltverhältnis entscheidend: Gelassenes Handeln erzeugt primär nicht ein anderes Selbstverhältnis, sondern eine erfüllte Beziehung zur Welt. Orientiert man sich am Lassen, dann erscheint das eigene Leben mit seiner Umgebung aufs Engste verwoben. Das handlungsleitende Verstehen wird von einem fixen Ziel gelöst. Es wird *dezentral* und richtet sich auf das Partikulare, auf die jeweils es umgebende Situation.

Diese Form der Aufmerksamkeit verbindet Gelassenheit mit Achtsamkeit, ohne dass beide identisch würden (2.3).

---

[45] Vgl. Pierre Hadot, *Die innere Burg. Anleitung zu einer Lektüre Marc Aurels*, Frankfurt a. M. 1997.

[46] Zuletzt ist Senecas *tranquilitas animi* auch explizit als Gelassenheit übersetzt worden. Vgl. Lucius Annaeus Seneca, *Von der Gelassenheit*, übers. v. Bernhard Zimmermann, München 2010.

Die Kontextgebundenheit des eigenen Tuns zu akzeptieren ermöglicht auch, dass Gelassenheit sich mit größerer Aufmerksamkeit oder Achtsamkeit auf die Handlungskontexte als solche verbindet. Gelassene Menschen können Aspekte einer Situation berücksichtigen, die für das Machen als Zielerreichung nicht relevant sind. Dadurch ist der gelassen Handelnde aufmerksamer in Bezug auf die Kontingenz und Unbestimmtheit der Handlungssituation; er ist sich dessen bewusster und damit in diesem Sinne ‚achtsamer'. Das schließt ein, beschränkt sich jedoch nicht darauf, die Erwartungen Anderer nicht als handlungsleitend anzusehen, sondern diesen gegenüber gelassen zu bleiben.

Im Unterschied zur Haltung der Achtsamkeit ist Gelassenheit immer handlungsbezogen; sie versucht nicht die Reflexion des eigenen Handelns durch dessen bewusste Unterbrechung in kontemplativen oder meditativen Praxen. Vielmehr ist Gelassenheit als Handlungsmodus darauf gerichtet, die eigene Lebenssituation als „Freiheitsraum" zu erfahren[47], der über Zielfixierung und Wahl zwischen vorgegebenen Optionen hinausgeht. Sie zielt auf Selbstverwirklichung ohne festes Selbstbild (3.3) und kann daher zu einem kontinuierlichen Bildungsprozess überleiten.

Ein Beispiel für solche in spezifischer Weise auf eine Sache eingelassene Praktiken ist das, was Wissenschaftler idealerweise tun, wenn sie über einen Sachverhalt etwas herauszufinden suchen. Auch dies kann man als ein Lassen beschreiben, denn es muss dem zu untersuchenden Sachverhalt ermöglicht werden, seine eigene Phänomenalität aufzubauen, sich zu ‚zeigen'. Das lässt sich so beschreiben, dass auch unter den festgelegten Bedingungen eines Experiments

---

[47] Martin Heidegger, *Einleitung in die Philosophie*, Gesamtausgabe, Bd. 27, hg. v. Otto Saame u. Ina Saame-Speidel, 2., durchges. Aufl., Frankfurt a. M. 2001, 214.

innerhalb des durch dieses festgelegten Spielraums man einen Sachverhalt *sein lässt*.[48] Damit ist nicht gesagt, dass alles Lassen die Form wissenschaftlichen Untersuchens haben muss. Dennoch kann das Lassen mit dieser modernen Form kontemplativen, betrachtenden Tuns zusammenfallen und so einen Bezug zur Erkenntnis aufweisen (3.1).

Gelassenheit und Muße-Praktiken

Aus der Perspektive einer Theorie der Gelassenheit spielen Muße-Praktiken eine besondere Rolle im Übergang von Gelassenheit als einem Handlungsmodus zu Gelassenheit als einer Haltung. Nicht nur kann man äußere Gelegenheiten zur Muße nur dann nutzen, wenn man innerlich gelassen ist. Muße-Praktiken sind auch solche, die unter besonderen Bedingungen gelassen ausgeübt werden können, um eine Haltung der Gelassenheit zu kultivieren. Muße fördert Gelassenheit. Aber diese Verstärkung ist reziprok: Aus der Erfahrung, gelassen zu handeln, kann der Wunsch entstehen, eine Lebensform zu finden und zu kultivieren, in der Muße-Praktiken einen festen Platz haben.

Die Haltung der Gelassenheit erstreckt sich aber immer über diese Muße-Praktiken hinaus. Als sich habitualisierend aufbauende Haltung ist Gelassenheit sogar in eminenter Weise darauf ausgelegt, in ganz verschiedenen Situationen und gerade auch in nicht-mußevollen Situationen geübt zu werden. Praktiken und Situationen der Muße machen es aber leichter möglich, die darin erlebte Gelassenheit auf andere, alltäglichere Situationen zu übertragen. Wenn man sich mehr Muße wünscht, wünscht man sich damit nicht

---

[48] Vgl. John Haugeland, „Letting be (2007)“, in: Haugeland, *Dasein Disclosed. John Haugeland's Heidegger*, Berlin/Cambridge Mass. 2013, 167–178.

die Isolation einer weltabgewandten, zweckfreien Tätigkeit. Vielmehr wünscht man sich, die Erfahrung, etwas gelassen tun zu können, auf einen möglichst großen Teil des eigenen Lebens auszudehnen. Daher hat Gelassenheit das Potenzial, das Lassen als Grundmodus des Tuns aus Muße-Situationen in alltägliche Situation gewissermaßen mitzunehmen. Durch Gelassenheit wird die Muße unabhängiger von äußeren Bedingungen, ohne dass Gelassenheit deshalb Muße-Erfahrung garantieren könnte.

3. Problemfelder der Mußeforschung

Lässt man die Diskussion der Konzepte der Muße (Arbeit und Freizeit, Kontemplation, Gelassenheit, Achtsamkeit) Revue passieren, so fällt auf, dass Muße in ihrer gesellschaftlichen Makrodimension ebenso wie in der Perspektive individueller Erfahrung und Lebensführung thematisiert wurde. Muße ergibt sich, so scheint es, konstitutiv in dieser *Überkreuzung individuellen und gesellschaftlichen Lebens.* Und diese Spannung kehrt in einer Reihe von Fragestellungen wieder, die wir als themenübergreifende Probleme identifizieren und verhandeln möchten.

Aus der Zusammengehörigkeit von Muße und Erkenntnis, die uns bereits in der Thematisierung der *theoría* und *contemplatio* begegnet ist, ergibt sich ein erstes Problemfeld: Muße wird hier als Möglichkeitsbedingung von Erkenntnis thematisch (3.1). Erkenntnis aber stellt sich gerade in entfunktionalisierten Zuständen ein, wie sie die Achtsamkeitspraxis zu erzeugen sucht. Die Erkenntnisdimension von Muße-Erfahrungen verweist in der Folge dann auf freiheitstheoretische Überlegungen: Wenn Erkennen ein freies Tun ist, dann ist es eine der Formen, in der sich menschliche Freiheit verwirklicht, ohne doch die exemplarische zu sein. Vielmehr könnte alles, was man in Muße tut, frei getan sein (3.2).

Mit der Freiheit der Muße kommt die Frage der Selbstbestimmung und Selbstverwirklichung ins Spiel: Als selbstbestimmtes und selbstverwirklichendes Tun ist das Tun in Muße am Übergang von negativer zu positiver Freiheit zu verorten (3.3). Dennoch beschränken sich die folgenden Ausführungen nicht auf das positive Erleben von Muße, also auf die Fälle, in denen Muße individuelle und kollektive Selbstverwirklichung ermöglicht. Vielmehr kann Muße auch zum Ort von Krisen der Selbstbestimmung und Reflexion werden (3.4). Dem schließt sich in der Rückkehr auf die gesellschaftliche Makroebene die Frage nach sozialer Exklusion und damit den Bedingungen der gesellschaftlichen Teilhabe an den Möglichkeiten der Muße an (3.5).

3.1 Erkenntnis

Zu den Praktiken, die in Muße möglich werden, gehören Erkenntnispraktiken verschiedener Art, wie sie im antiken Diskurs über theoría ebenso wie in der modernen Form der Achtsamkeit beschrieben werden. Muße ermöglicht demnach bestimmte Formen der Erkenntnis oder ist die Form ihres Vollzugs. Erkenntnis wird in ihren hier relevanten Formen im Sinne eines aktiven Tuns, einer Praxis, aufgefasst.

Theorie als Tätigkeitsform

Paradigmatisch zur Verortung von Muße als Erkenntnis ist die Position des Aristoteles, der *theoría* als die eigentliche Tätigkeitsform in Muße bestimmt. Der Gedanke, dass der Vollzug einer Erkenntnisform die Muße-Tätigkeit *par excellence* darstelle, findet sich auch in anderen Traditionen, die teilweise Fortführungen der aristotelischen Überlegungen darstellen, teilweise aber auch ganz anderen Kontexten entstammen. Dies wird im Folgenden exemplarisch anhand zweier vorgestellter Muße-Konzeptionen dargelegt: der spätantiken Entwürfe zu *scholé* und *theoría* auf der einen

Seite (2.2) und der aus buddhistischen Meditationsformen entwickelten Praxis der Achtsamkeit auf der anderen Seite (2.3). Trotz der vielfältigen Unterschiede, die sich mit Blick auf diese Konzeptionen und ihre kulturellen und geistesgeschichtlichen Hintergründe feststellen lassen, zeigen sich hier doch auch aufschlussreiche Übereinstimmungen und Überschneidungen hinsichtlich der Beziehung zwischen Muße und Erkenntnis.

Das Denken des Denkens

In der westlichen spätantiken Geistesgeschichte ist Erkenntnis vornehmlich eine Angelegenheit des Denkens. Denkend können sich Menschen jeglichem Objekt zuwenden. Doch was ist, wenn das Denken sich auf sich selbst bezieht – wenn das Denken also zu seinem eigenen Gegenstand wird? Das Denken nimmt sich dann selbst in den Blick und spiegelt sich in sich selbst. So wie sich das blickende Auge in der Pupille des Gegenübers spiegelt, spiegelt sich das Denken in sich. Dieser antiken Tradition gemäß nähert sich der Geist in dieser Form des Tätigseins dem Erkenntnisprinzip schlechthin, insofern er dann nicht einfach nur zu vereinzelten beliebigen Erkenntnissen, sondern vielmehr zur höchsten Erkenntnis gelangt. Da im Denken selbst alles Dingliche wie auch Ideell-Übersinnliche zum Gegenstand (Objekt) werden kann, ist in diesem Denken des Denkens bereits alles prinzipiell mitgedacht.

Ein solches Denken des Denkens beschreibt eine Erkenntnis der Welt jenseits aller Konkretion. Dieser Aspekt der Transzendenz bedeutet aber nicht – wie wir heute zumeist annehmen würden – eine Abkehr von der Wirklichkeit und eine Betrachtung des Unwirklich-Abstrakten. Vielmehr ergreift diese Art des Denkens dem eigenen Anspruch nach das Sein und also das, was wirklich ist, in seiner Wahrheit, während der Blick auf die konkret-sinnlichen Dinge dem beständigen Wandel, der Vergänglichkeit, der Unbeständigkeit und schließlich dem Irrtum ausgesetzt ist. Durch die Hinwendung zum wahren Seienden – und bei Plotin sogar zum Überseienden – wird das Denken nicht mehr gegenständlich begrenzt. Diese höchste Erkenntnis fundiert allerdings auch das Konkret-Materielle, da es hier selbst als eine schwächere (mimetische) Form der Erkenntnis aufgefasst wird, weil alles auf seine Art nach Erkenntnis (*theoría*) strebt (2.2).[1] Das Denken des Denkens ist nicht objektiv bestimmbar und bleibt so diskursiv nur formal bestimmt.

Scholé *als ontologischer Erkenntnisvollzug*

Die *scholé* ist dieser Ambivalenz der höchsten Erkenntnis zutiefst verwandt und lässt sich strukturell analog zum Denken beschreiben: Auch sie bewegt sich, in ihrer eigentlichen Form, an den Grenzen der Diskursivität. Sie bietet niedere (mimetische) Formen, die in Trägheit und in bloßer Negativität untergehen können. Aber über allen Stufen niederer *scholé* steht das Ideal vollkommener *scholé*, welche gleichsam göttlich[2] oder auch heilig[3] genannt wird, da sie in der bestmöglichen einsehbaren Weise an die Grenze der höchsten Erkenntnis führt, die ideelle Wirklichkeitsordnung beschreibt und so Ausdruck einer ungetrübt-herrlichen Wirklichkeit ist. In ihrer vollkommenen Verwirklichungsform begegnen sich nun Erkenntnis und Muße: „Warum sollen sie nicht in dieser

---

[1] Vgl. Plotinus, *Ennead III*, 8,1.

[2] Vgl. Plotinus, *Ennead II*, übers. v. A.H. Armstrong, Cambridge, Mass. 2007, Enneade II, 9, 8, 30ff.

[3] Vgl. Augustinus' Beschreibung der Wahrheitssuche in Aurelius Augustinus, *Der Gottesstaat – De civitate dei*, übers. v. Carl Johann Perl (Aurelius Augustinus' Werke), Paderborn 1979, 19,19.

ihrer *scholé* ewig verstehen und in ihrem Geist begreifen den Gott und die anderen geistigen Götter […]?“, fragt Plotin.[4] Die Rede ist dabei von den Gestirnen. Weil diese sich unwandelbar, ungestört und immergleich bewegen (und also Leben haben müssen), ist ihnen eine Vollkommenheit eigen, die es rechtfertigt, sie als Götter zu begreifen. Diese zunächst äußerlich wirkende Vollkommenheit spiegelt die Vollkommenheit der inneren Erkenntnisbewegung wider,[5] die im Denken das Erfassen der Göttlichkeit ermöglicht. Die Göttlichkeit der Gestirne in ihrer Muße spiegelt in der als autark, frei, immerzu gleichförmig und selbstgenügend angenommenen Bewegung die ideale innere Denkbewegung.

Am Beispiel der Gestirne können wir somit idealtypisch erkennen, wie das Denken des Denkens verstanden werden soll. Die höchste Form der Muße ist ein autark-selbstgenügsamer Selbstvollzug, ein Erkenntnisvollzug, der keinen Fremdzweck und kein äußeres Ziel außer sich selbst hat und somit eine erste Identität gegenüber der mannigfaltigen Welt definiert. Entsprechend dieser Beschreibung ist einsichtig, dass damit auch eine formale Wiedergabe des höchsten Erkenntnisvollzugs als Denken des Denkens gegeben ist. Trotz aller Bedeutungsverschiebungen, die dem Konzept der Muße zuteilwerden, lässt sich durch die Klärung der Erkenntnisrelation ein tieferes Verstehen des spätantiken Gebrauchs sowie des heutigen Begriffs erreichen.

Erkenntnis und Achtsamkeit

Die im Anschluss an spätantike Denker vertretene These, Muße könne sich als Vollzug von Erkenntnis verwirklichen,

---

[4] Plotinus, *Ennead II*, 9, 8, 30ff.

[5] Zur Kreisbewegung vgl. Aristoteles, *Metaphysics*, hg.v. William D. Ross, Repr. with corr. Aufl., Oxford 1953, VIII,8; XII.

kann auch im Zusammenhang mit der Achtsamkeit verhandelt werden. Die Praxis der Achtsamkeit geht ursprünglich auf die Lehrreden des historischen Buddhas, des „erwachten" Siddhartha Gautama zurück, dessen Name so viel bedeutet wie „der sein bzw. das Ziel erreicht hat". Mit nichts anderem als seinem Geist, seinem Körper und seinen Erfahrungen gelangte er zu den fundamentalen und befreienden Einsichten, welche im Buddhismus als die „drei Daseinsmerkmale" der menschlichen Existenz bezeichnet werden. Seine Lehren beinhalten das Verständnis von der Unbeständigkeit alles Seienden (*anicca*), die Überwindung des Leidens (*dukkha*) sowie die Auffassung eines Nicht-Selbst (*anatta*). Im Buddhismus umfasst die Praxis zur Entfaltung dieser Einsichten die sogenannte Vipassana- bzw. Einsichtsmeditation, welche in der wissenschaftlichen Literatur vorwiegend als Achtsamkeitspraxis bekannt ist.[6]

Achtsamkeit ist, unabhängig von den religiösen Wurzeln und Weltanschauungen, eine im Menschen angelegte und erlernbare Fähigkeit, die sich durch eine offene Wahrnehmung, ein intensiviertes Bewusstsein sowie eine akzeptierende und wertungsfreie Zuwendung zur unmittelbaren Erfahrung auszeichnet. Diese Charakteristika sind weitgehend schon an und für sich mußeförderlich, da sie eine Möglichkeit des Seins bzw. des Tuns eröffnen, die intrinsisch motiviert und auf kein externes Ziel ausgerichtet ist.

Akzeptierendes Erkennen

Akzeptanz im Sinne der Achtsamkeit bedeutet zunächst eine beobachtende Perspektive, die sich bewusst darum bemüht, sich wertender Urteile zu enthalten und bei den

[6] Schmidt, „Der Weg der Achtsamkeit. Vom historischen Buddhismus zur modernen Bewusstseinskultur".

wahrgenommenen Inhalten der äußeren und inneren Welt zu verweilen. Da auf eine moralische, ethische oder normative Einordnung der wahrgenommenen Inhalte verzichtet wird, kann die Erfahrung angenommen, oftmals auch überhaupt erst zugelassen werden. In diesem Sinne geht Achtsamkeit insofern mit Erkenntnis einher, als sie das Spektrum wahrnehmbarer Inhalte einerseits *direkt* ausdehnt, indem sie von der zweckorientierten Fokussierung Abstand nimmt und damit zu einer Öffnung des Wahrnehmungsfeldes führt. Dieser Prozess lebt dabei maßgeblich von der wiederholenden Übung und der Herausbildung einer die einzelnen Wahrnehmungsfelder übergreifenden Perspektive.

Andererseits generiert die Achtsamkeit *indirekt* auch Inhalte. Abwehr, Ablehnung, Ausblendung und Verzerrung von eventuell aversiven Erlebnissen und Beobachtungen, welche unter anderen Umständen Einsichten und Erkenntnissen im Weg stehen und Wahrnehmungen einschränken können, fallen idealerweise weg und eröffnen somit dem Bewusstsein bis dato verschleierte Inhalte und Zusammenhänge. Gleichermaßen bedeutet eine annehmende, achtsame Zuwendung zur Erfahrung ein Sich-Lösen von ichfremden Wertesystemen, normativen Geboten sowie introjizierten Gedanken und Gefühlen. Idealerweise hat dies zur Folge, dass Menschen sich frei zu den Dingen verhalten, ihr Denken reflektieren und tiefgehende Bewusstwerdungsprozesse eingehen können.

Achtsamkeit und Selbsterkenntnis

In diesem Sinne schildert auch Erika Carlson einen möglichen Effekt von Achtsamkeit auf Selbsterkenntnis.[7] Davon

---

[7] E. N. Carlson, „Overcoming the Barriers to Self-Knowledge: Mindfulness as a Path to Seeing Yourself as You Really Are“, in: *Perspectives on Psychological Science* 8,2 (2013), 173–186.

ausgehend, dass Menschen oft aufgrund von Informations- und Motivationsbarrieren nur begrenzt Einsicht in eigene Verhaltensmuster und Persönlichkeitsstrukturen haben, zeigt sie das Potenzial von Achtsamkeit in beiden Hinsichten auf. Aus fehlender Außenperspektive, unzugänglichen, unterbewussten Gehalten, Habituation, Ablenkung und Wahrnehmungsverzerrungen resultiert ein Mangel an Informationen, die für eine lautere Selbsterkenntnis wichtig wären.

Achtsamkeit kann dem entgegenwirken und bedeutend mehr Informationen zu Tage fördern. Auch ergeben sich Motivationsbarrieren aus der Tendenz des Individuums, egobedrohliche oder mit dem Selbstbild konfligierende Wahrnehmungen zu verweigern. Hier vermag es Achtsamkeit, bestimmte Einsichten zuzulassen, indem sie kraft ihrer nichtwertenden Akzeptanz den bedrohlich-aversiven Charakter dieser Einsichten relativiert. Im Gegensatz zur Introspektion, welche vorwiegend kognitiv ist, hat Achtsamkeit durch Einbezug der Erfahrungsdimension und der sensorischen Komponenten den Vorteil, das Erleben umfassender zu begreifen. Während Carlson sich primär auf Selbsterkenntnis bezieht, dürften die von ihr beschriebenen Wirkweisen auch im Hinblick auf zwischenmenschliche Interaktionen und gesellschaftliche Zusammenhänge gelten.

Achtsamkeit hat demnach auf drei unterschiedlichen Ebenen ein besonderes Erkenntnispotenzial: 1. direktes, sensibilisiertes und erweitertes Wahrnehmen durch intentionale Zuwendung zur Erfahrung und offenes Gewahrsein, 2. indirektes Erschließen von Erfahrungen und Prozessen durch Akzeptanz und Nicht-Wertung sowie 3. selbst-reflexives Bewusstwerden, welches als Folge der ersten beiden Modi möglich geworden ist. Insofern diese Prozesse ein Zu-sich-Finden in Kongruenz und Selbstzweckhaftigkeit begünstigen, fallen in ihnen Muße und Erkenntnis auf eine spezifisch erfahrende Art zusammen.

Prinzipiell wird aus der Perspektive der Achtsamkeit ein Erkenntnisprozess ermöglicht, der im Unterschied zur *theoría* die Einsicht aus einer leiblichen Erfahrung bezieht. Durch ein wiederholtes nicht-eingreifendes Beobachten äußerer und innerer Abläufe entstehen bei längerer Praxis neue Einsichten in Zusammenhänge, die sich spontan manifestieren. Diese unterscheiden sich von Erkenntnissen, die aus kognitiven Prozessen und Überlegungen ohne direkten Erfahrungsbezug stammen. Aus buddhistischer Perspektive gilt diese erfahrungsbezogene Einsicht als die höchste Form der Erkenntnis. Nur durch diese Form der Einsicht in eine postulierte ‚Natur des Geistes und der Welt' kann das letztendliche Ziel dieses Transformationsprozesses, die Befreiung von der eigenen psychischen Bedingtheit, erreicht werden.

Bei den hier betrachteten Traditionen lassen sich insofern Übereinstimmungen feststellen, als Erkennen in beiden Fällen selbstbezügliche Form hat. In der Achtsamkeitspraxis wird ein Erkenntnisprozess in Gang gesetzt, der auf die Wahrnehmung des eigenen, körperlichen und geistigen Selbst zielt. Im klassisch-griechischen Modell hingegen zielt Erkennen auf eine intellektuelle Selbstbezüglichkeit, die nur eine Form des Selbstbezugs in den Blick nimmt – die des Denkens (*nóesis noéseos*). Vor allem im Kontext der plotinischen Überlegungen verbindet sich dies mit einer ontologischen Spekulation. In der Achtsamkeitspraxis wird diese Spekulation zwar ausgeklammert, dennoch kann sie auch in einem explizit buddhistischen Weltbild gedeutet werden.

3.2 Freiheit

Muße ermöglicht neben Erkenntnis auch andere Praktiken, in denen Menschen sich selbst verwirklichen können. Dafür muss Muße aber mit Freiheit zusammenhängen: Muße bietet menschlicher Freiheit die Gelegenheit, sich zu verwirklichen. Praktiken der Muße sind letztlich Vollzugsformen von Freiheit.

Negative und positive Freiheit

Das Verständnis menschlicher Freiheit hat sich philosophie- und kulturgeschichtlich sehr verschieden entwickelt und auch gegenwärtig wird man auf die Frage, was es denn heiße, frei zu sein, sehr verschiedene Antworten erhalten. *Dass* Freiheit im menschlichen Leben und für das menschliche Selbstverständnis relevant ist, wird jedoch kaum zu bestreiten sein. Daher liegt es nahe, beim Freiheitsbegriff anzusetzen, um sich der Frage zu nähern, welche Bedeutung Muße für das Verständnis von Menschen als freie bzw. autonome Handlungssubjekte besitzt.

Der philosophische Diskurs um menschliche Freiheit ist umfangreich. Daher ist es zunächst hilfreich auf die von Isaiah Berlin prominent behandelte Unterscheidung von *negativer* und *positiver* Freiheit zurückzugreifen.[8] Während negative Freiheit darin besteht, an einer Handlung nicht durch andere Menschen gehindert zu werden, zeichnet sich positive Freiheit dadurch aus, sich für eine Handlung entscheiden und diese erfolgreich durchführen zu können. Beide Facetten menschlichen Freiseins gehören offenkundig zusammen. Sie lassen sich mithilfe zweier verschiedener Präpositionen beschreiben, die diese beiden Aspekte des

[8] Vgl. Isaiah Berlin, *Liberty. Incorporating four essays on liberty*, hg. v. Henry Hardy u. Ian Harris, Oxford 2002, 166–217.

Freiseins spezifizieren: Freiheit ist einerseits Freiheit *von* … und andererseits Freiheit *zu* … Gemeint ist dabei Handlungs-, nicht Willensfreiheit – Freiheit, die immer schon äußerlich ist und sich im Handeln in sozialen Kontexten zeigt.

Freiheit und Selbstverwirklichung

Negative und positive Freiheit treffen sicherlich nur einen Teil dessen, was sich über menschliche Freiheit sagen lässt. Aber die Begriffe heben hervor, dass Freiheit für die Konstitution von Subjektivität und Individualität eine doppelte Relevanz hat: Denn unter negativer Freiheit ist lediglich die Abwesenheit von jenen Beschränkungen gemeint, die ein Individuum oder eine Gruppe durch einen anderen Menschen oder eine andere Gruppe erfährt, nicht Einschränkungen, die etwa durch natürliche Vorgänge gegeben sind. Positive Freiheit hingegen ist in ähnlicher Weise Freiheit zu etwas Menschen Möglichem, einer individuellen oder geteilten Vorstellung, was das Ziel menschlichen Strebens sein sollte.

Diese Freiheit zu einer freien Verwirklichung der eigenen Absichten steht dabei gewöhnlich in Berührung und oft auch in Konflikt mit den Absichten Anderer.

Der negative und der positive Aspekt menschlicher Freiheit beschreiben damit einen Prozess freier Selbstverwirklichung, sei es von Individuen oder von Gruppen, der in einem sozialen und normativen Raum stattfindet. Der Wunsch nach Selbstverwirklichung ist der Wunsch, nicht durch Zwang zu einer Handlung bewegt zu werden, sondern aus eigenen Gründen zu handeln. Genau damit konstituiert sich aber auch freie und verantwortliche Subjektivität. Positive Freiheit, verstanden als Teilhabe und Befähigung, bildet damit auch die normative Grundlage zur Gestaltung gesellschaftlicher Ordnungen.[9]

Muße und Freiheit

Ausgehend von dieser Bestimmung menschlicher Freiheit als Selbstverwirklichung durch sinnhaftes Handeln in einem sozialen Gefüge lässt sich fragen, welche Rolle Muße für den Prozess individueller und gemeinschaftlicher Selbstverwirklichung spielt. Dabei kann man etwa bei der Abgrenzung von Muße und Arbeit ansetzen und die Freistellung von Arbeit als Bedingung eines Tuns in Muße beschreiben – ohne jedoch Muße als Freizeit und damit lediglich als Rekreation zu verstehen, was letztlich dazu führen würde, sich der Vorstellung, Arbeit sei die maßgebliche Realisationsform von Freiheit, wieder unterzuordnen (2.1). Auch eine Haltung der Achtsamkeit zielt auf die Loslösung der eigenen Vorstellungen und Handlungen aus Funktionszusammenhängen, das heißt auf Entfunktionalisierung (2.3). Versucht man dies freiheitstheoretisch zu reformulieren, so lässt sich sagen, *Muße entsteht aus einem Moment negativer Freiheit und führt zu einer Erfahrung positiver Freiheit hin*. Daran können sich nun Fragen danach anschließen, wie die Freistellung von Arbeit zum Tun in Muße mit Gelassenheit als Handlungsmodus zusammenhängt und ob oder wie kontemplatives Tätigsein und Achtsamkeit zum selbstbestimmten Tun dazugehören (3.3). Die Beschreibung menschlicher Freiheit als individuelle und kollektive Selbstverwirklichung führt somit in das Zentrum der für die Muße-Forschung relevanten Konzepte.

[9] Vgl. Nils Goldschmidt u. Alexander Lenger, „Teilhabe und Befähigung als Schlüsselelemente einer modernen Ordnungsethik“, in: *Zeitschrift für Wirtschafts-und Unternehmensethik* 12,2 (2011), 295–313.

Auf einen ersten Blick ließen sich Mußepraktiken allein als Phänomene positiver Freiheit bestimmen. Erst auf einen zweiten Blick fällt auf, dass Muße aus einer Befreiung von Zwängen heraus entsteht und damit als *Umschlagspunkt* von negativer zu positiver Freiheit zu bestimmen ist. Unterscheidet man die beiden Aspekte von Freiheit anhand einiger Merkmale von Muße, lassen sich diese folgendermaßen darstellen:

Freiheit-von … (negative Freiheit)	Freiheit-zu … (positive Freiheit)
– (entfremdete) Arbeit	– selbstzweckhaftes Tun
– ungestillte Bedürfnisse	– Offenheit/Unbestimmtheit
– Fremdbestimmung/Willkür	– Gelegenheiten/Handlungsmöglichkeiten
– Rollenerwartungen	– Selbstverwirklichung
– Zwang und Hierarchie	– gesellige Formen des Sozialen
– Routine	– Ausnahme
– Konflikt	– Friede, Ruhe

Dieser Übergang von negativer zu positiver Freiheit erweist sich für die Beschreibung von Mußephänomenen als fruchtbar und weiterführend. Eine solche Beschreibung hat den Vorzug, keinen einheitlichen Zweck der Muße-Praktiken zu unterstellen: Gegenüber der Diskussion von Muße als Ermöglichung und Vollzugsform von Erkenntnis kann sich Muße als Umschlagsmoment in positive Freiheit in vielen anderen Tätigkeiten manifestieren. Muße wird nicht mit einer paradigmatischen Tätigkeit identifiziert, sondern als bloße Möglichkeit positiver Freiheit erfahrbar. Somit kann sie sich grundsätzlich in verschiedenen Tätigkeiten realisieren. Wenn sich Muße etymologisch als „Freiraum“ fassen lässt[10], dann

[10] Jacob Grimm u. Wilhelm Grimm, „Musze“, in: *Deutsches Wörterbuch*, Leipzig 1885, 2771–2773.

ist damit etwas Wesentliches getroffen.[11] Muße erscheint als Möglichkeitsraum für solche Handlungen, mit deren Vollzug sich Subjekte als frei *zu* etwas ihrer Freiheit Gemäßem konstituieren. Sie ist, wie man auch sagen kann, der in je besonderer Weise konstituierte *Freiraum* eines Tuns, das im Wesentlichen dadurch bestimmt ist, diesem Freiraum zu entsprechen – ihn als solchen zu erkunden.[12]

Was Handeln im Freiraum der Muße ist, lässt sich in formaler Weise mit dem Hinweis darauf beschreiben, dass es ein *gelassenes* Handeln sein muss: Gelassenheit als Handlungsmodus ist dann die Form, in der sich Handlungsfreiheit positiv verwirklicht, ohne sich in die Selbstwidersprüche zu verwickeln, die damit verbunden sind, Handeln als allein willensbestimmt zu verstehen oder Freiheit auf Willensfreiheit zu reduzieren. Wenn Handeln im Modus der Gelassenheit konstitutiv weltbezogen ist, aber die Situativität von Welterfahrung herausstellt, dann zeigt sich gelassenes Handeln einerseits in Kontinuität mit der Beschreibung von Muße als Erkenntnishandeln (3.1): Gelassenes Handeln ist kein Rückzug aus der Welt, sondern eine Zuwendung zur Welt. Andererseits unterläuft Gelassenheit den Kontrast von Denken und Handeln, Theorie und Praxis, weil sie nicht bestimmte (theoretische) Praktiken beschreibt, sondern auf eine Transformation allen Handelns zielt. Eine Haltung der Gelassenheit versucht, die in der Theorie gefundene Freiheit auf alle Handlungen auszudehnen.

Allerdings ist zu konkretisieren, wie Muße in der Vorstellung von positiver Freiheit als Selbstbestimmung und

---

[11] Vgl. Figal, *Muße als Forschungsgegenstand*.

[12] Zur Beschreibung des phänomenalen Raums als Freiraum, vgl. Günter Figal, *Martin Heidegger. Phänomenologie der Freiheit*, 4. Aufl., Tübingen 2013; Günter Figal, *Gegenständlichkeit. Das Hermeneutische und die Philosophie*, Tübingen 2006; Günter Figal, *Unscheinbarkeit. Der Raum der Phänomenologie*, Tübingen 2015.

Selbstverwirklichung für Handlungssubjekte Sinn und Relevanz erzeugt (3.3). Zudem gilt es die Stellung der Muße am Übergang von negativer zu positiver Freiheit genauer zu beschreiben. Denn es ist keineswegs gesagt, dass etwa die Befreiung von Arbeit Formen selbstzweckhaften Tuns ermöglicht, ohne dass das Aufbrechen gewohnter Handlungsmuster zu Konflikten und zu einer Krise des durch seine Handlungen sich konstituierenden Subjekts führt. Wenn das so ist, erfüllt die Muße auch deshalb eine Schlüsselfunktion für die Verwirklichung menschlicher Freiheit, weil sie Situationen individueller wie gesellschaftlicher *Krisen* zulässt, die eine positive Neuorientierung ermöglichen (3.4). Nicht zuletzt ist Muße – und damit die Bedingung von Freiheit als Selbstverwirklichung – gesellschaftlich ungleich verteilt. Es kommt zu einer erneuten Funktionalisierung und zur sozialen Konkurrenz um Muße (3.5).

3.3 Selbstbestimmung und Selbstverwirklichung

Wenn Muße von aufgezwungenen Aufgaben befreit und eine Hinwendung zu selbstbestimmten Handlungen, die den individuellen Interessen entsprechen, ermöglicht, können aus psychologischer Perspektive die Theorien der Selbstbestimmung und Selbstverwirklichung einen zentralen Beitrag zur Bestimmung von Muße leisten. Im Folgenden wird der Fokus auf die konzeptuelle Beschreibung von Selbstbestimmung und Selbstverwirklichung – nicht auf empirische Forschungsergebnisse – gelegt, um anschlussfähige theoretische Ansätze aus der Psychologie aufzugreifen.

Selbstbestimmung in der Spannung von intrinsischer und extrinsischer Motivation

In der Selbstbestimmungstheorie wird zwischen intrinsisch sowie extrinsisch motivierten Verhaltensweisen unterschieden,[13] die nach dem Grad der Autonomie und der persönlichen Bedeutung für die handelnde Person auf einem Kontinuum angeordnet werden können. Verbunden mit dem höchsten Grad der Selbstbestimmung werden intrinsisch motivierte Verhaltensweisen beschrieben, die durch ihren Selbstzweckcharakter aus sich heraus befriedigend, erfüllend und sinnstiftend sind.

Im Kontrast dazu werden extrinsisch motivierte Verhaltensweisen erst aufgrund von äußeren Einflussfaktoren geformt und ausgeführt.

Bedingt durch die soziale Einbettung der Selbstbestimmung internalisieren Individuen im Laufe ihrer Sozialisationsgeschichte bestimmte gesellschaftlich vermittelte Konventionen, Normen und Werte. Einige soziale Vereinbarungen werden vollständig in das Selbstkonzept integriert, während mit anderen zumindest eine Identifikation stattfindet. Werden allerdings im Sinne einer Introjektion bestimmte Erwartungen und Pflichtgefühle von außen eingegeben, die mit der eigenen Person nur schwer vereinbar, selbstentfremdet und belastend erscheinen, können innere Konflikte und Widerwille die Folge sein. Ein Verhalten, das schließlich lediglich durch ein Streben nach Belohnung oder dem Vermeiden von Bestrafung motiviert ist, unterliegt einer Fremdsteuerung und entspricht somit dem Gegenpol der Selbstbestimmung.

---

[13] Vgl. Richard M. Ryan u. Edward L. Deci, „Self-determination theory and the facilitation of intrinsic motivation, social development, and well-being", in: *American Psychologist* 55,1 (2000), 68–78.

Selbstbestimmung und Freiheitsempfinden

Anknüpfend hieran muss zunächst konstatiert werden, dass Freiheit sowohl für die Selbstbestimmung als auch für die Muße wesentlich ist. Selbstbestimmung kann nur realisiert werden, wenn die Freiheit besteht, zwischen verschiedenen vorhandenen Möglichkeiten wählen zu können. Um Selbstbestimmung zu erfahren, bedarf es der Fähigkeit, darüber nachzudenken, was der eigenen Person am meisten entspricht, und abzugleichen, inwiefern die Lebensgestaltung mit dem individuellen Bedürfnis- und Wertesystem in Einklang steht. Demnach beinhaltet Selbstbestimmung auch immer die Reflexion über das Spannungsfeld zwischen persönlichen Prioritäten und Präferenzen sowie den gesellschaftlich vermittelten Erwartungen und Konventionen. Muße lässt sich aus psychologischer Sicht in diesem Spannungsfeld als Raum verstehen, der den Individuen eine spezifische Entlastung vom Praxisdruck äußerer Erwartungen (Pflichten, Zwänge, Rollenerwartungen) bietet (Freiheit-von) und damit die Möglichkeit zu reflektierter Selbstbestimmung eröffnet (Freiheit-zu).

Diese Reflexionsprozesse können ein subversives Potenzial bergen. Das Individuum kann sich über Inkonsistenzen und Inkongruenzen im Denken und Handeln bewusst werden und zum Entschluss gelangen, einengende Rollenbilder und andere selbstentfremdete und fremdbestimmte Introjektionen abzustreifen, um sich selbst gegenüber mehr Loyalität zu entwickeln. Somit stellt die Muße einerseits eine Situation krisenhafter Selbst- und Umwelterfahrung dar, die bis zu einer Katharsis subjektiver Identitätskonstruktionen führen kann. Andererseits kann Muße paradoxerweise aber auch die Möglichkeit zu kritischer Selbstbestimmung in bewussten Identitätsentwürfen entwickeln (3.4). Im Spannungsfeld von intrinsischen und extrinsischen Erwartungen macht gerade die Muße das Potenzial zur persönlichen Selbstbesinnung aus, die ein gelassenes und freies Verhalten zu sich selbst und der gesellschaftlichen Umwelt erst ermöglichen kann. Dies scheint aus psychologischer Perspektive die subjektive Voraussetzung zu sein, die zur objektiven Bedingung von Erkenntnis wird (3.1).

Selbstverwirklichung

Die Tendenz zur *Selbstverwirklichung*, welche in engem Zusammenhang mit Selbstbestimmungstheorien steht, wird von zahl- und einflussreichen PsychologInnen als zentrales Moment menschlichen Strebens und individueller Entwicklung beschrieben – schon die erste Herausbildung eines wahrgenommenen Selbst und die lebenslänglichen Individuationsprozesse eines jeden Menschen stellen Erscheinungsformen dieses vermeintlich inhärenten Hauptantriebs dar.[14] Obschon die einzelnen, meist humanistisch-psychologischen Selbstverwirklichungskonzepte häufig auf theoretischer – und zum Teil definitorisch vager – Ebene verhandelt, unterschiedlich gedeutet und ausgeführt werden, weisen sie wiederholt interessante Berührungspunkte mit der Muße auf.

Der Psychologe Carl Rogers beschreibt das Streben nach Selbstverwirklichung, also nach der Erhaltung, Förderung und Erfüllung des Lebens eines Menschen, als die stärkste und wesentliche Wirkmacht menschlicher Entwicklung.[15] Ihm zufolge treibt die uns innewohnende Tendenz zur Selbstverwirklichung die Differenzierung der Persönlichkeit hin zu höheren Komplexitäts- und Bewusstseinsgraden voran.

---

[14] Vgl. Matthew H. Olson/B.R. Hergenhahn, *An Introduction to Theories of Personality*, Upper Saddle River 2010.

[15] Vgl. dazu Carl R. Rogers, *Client-centered therapy. Its current practice, implications, and theory*, Boston, Mass. 1951.

Dieser Prozess wird von einem sogenannten organismischen Evaluationsprozess geleitet, der Erfahrungen dahingehend bewertet, ob sie der individuellen Verwirklichungstendenz ent- oder widersprechen. Dieser Evaluationsprozess dient der Selbstverwirklichung, wo er nicht – wie meist – verhindert, verfälscht oder verzerrt wird: Durch frühzeitig internalisierte Wertschätzungsbedingungen („conditions of worth") und introjizierte Wertesysteme entstehen Einschränkungen des Selbst, da es auf externe Bewertungskriterien rekurriert und so das Selbst von seiner eigens erfahrenen Wertschätzung entfremdet. Ein verwirklichtes oder im Sinne Rogers' „voll funktionierendes" Individuum hingegen, vermag es, dieser *Inkongruenz* des Selbst zu entgehen, da aufgrund von frühen oder korrektiven Erfahrungen bedingungsloser Akzeptanz und Wertschätzung sein Selbstverhältnis keinen grundlegenden Vorbehalten unterliegt und sich frei zu seinen Erfahrungen verhalten darf. Diese idealtypische Beschreibung einer aktiven Selbstverwirklichungstendenz ist insofern Muße-affin, als sie eine selbstzweckhafte Struktur betont, jenseits von Kondition, Funktion und Leistung. Vermutlich lassen sich Muße-Erfahrungen zumindest momentweise ähnlich beschreiben: als eine Zuwendung zum eigenen Erleben, ein sich als kongruent erfahrendes Selbst, zweckfrei und im Einklang mit seiner unmittelbaren Lebensrealität.

Parallele Annahmen finden sich bei der Analytikerin Karen Horney. Sie umreißt Selbstverwirklichung als ein natürliches, prozessuales Entfalten der individuellen Gefühls-, Gedanken- und Erfahrungswelt, welches letztendlich die eigenen spezifischen Wachstumsmöglichkeiten und Ressourcen freisetzt und dazu stimmige Werte und Ziele zu intendieren ermöglicht. Allerdings wird dies oft durch eine Diskrepanz zwischen realem und idealisiertem Selbst verhindert; das reale Selbst, dessen frühkindliche Grundbedürfnisse nicht erfüllt wurden, lehnt sich ab und beugt sich bis hin zur Neurose den entfremdenden Geboten eines illusorischen, idealisierten Selbst.[16] Ähnlich wie bei Rogers lässt sich Horneys Selbstverwirklichungsbegriff auf Muße als ein nach innen gerichteter, mit der eigenen Person, wie sie gelebt und erlebt wird, harmonierender Modus beziehen.

Weitere Theorien der Selbstverwirklichung überschneiden sich an anderen Stellen mit Mußevorstellungen und -konzepten. Die von Abraham Maslow postulierte universale Bedürfnispyramide beschreibt als höchste Stufe der Bedürfnisbefriedigung die Selbstverwirklichung, welche eintreten kann, wenn die primären Bedürfnisse (physiologische Bedürfnisse, Sicherheit, soziale Bedürfnisse und Bedürfnis nach Anerkennung) hinreichend befriedigt sind. In diesem Zusammenhang ist die Selbstverwirklichung, wie auch die Muße, basal auf eine Freiheit von Bedürfniszwängen und Mängeln angewiesen. Sie teilen damit strukturell die selbe Ausgangslage. Wenn Muße sich durch Freiheit *von* Einschränkungen und Freiheit *zu* selbstbestimmtem Tun auszeichnet, beschreibt der Maslow'sche Verwirklichungsbegriff gerade dieses selbstbestimmte Tun. Maslow spricht in diesem Zusammenhang von einer Seins-Motivation (‚being motivation'), die im Gegensatz zur Defizitmotivation (‚deficiency motives') werteorientiert und wachstumsgenerierend wirkt.

Selbstbestimmung und Gesellschaft

Wie für die Erarbeitung der Beziehung von Muße zu Arbeit und Freizeit eine Verhandlung der (vermeintlichen) Gegensätzlichkeit letzterer Begriffe nötig war (2.1), stellt sich auch

[16] Vgl. dazu Karen Horney, *Neurosis and human growth. The struggle toward self-realization*, New York 1991; Karen Horney, *Our inner conflicts. A constructive theory of neurosis*, New York 1992.

im Hinblick auf Selbstverwirklichung die Frage, inwiefern diese nur einsetzen kann, wo die Gegensätzlichkeit zum Zwang transzendiert wird. Die humanistische Psychologie teilt den Anspruch, der in utopischen Konzepten einer Arbeit, die sich in und als Muße vollzieht, aufgehoben ist, nämlich, dass Selbstverwirklichung nur frei von Zwang erfolgen kann. Entsprechend verwundert es nicht, wenn Maslow davon ausgeht, dass nicht mehr als ein Prozent aller Menschen seinen Kriterien der Selbstverwirklichung genügen. Entscheidend für die Konstellation von Selbstverwirklichung, Arbeit und Freizeit ist also in gewissem Sinne das Selbstbestimmungsvermögen des Individuums.

Selbstbestimmung und Theorie

Obgleich sich die Begriffe der *theoría* und der Selbstbestimmung/Selbstverwirklichung wie sie hier erläutert werden, in sehr unterschiedlichen Kontexten und Begriffsfeldern bewegen und sich einer Zusammenführung auf gleicher Ebene zunächst entziehen, sind sie in vielerlei Hinsicht eng verwoben: Im psychologischen Sinne selbstbestimmt und intrinsisch motiviert kann nur agieren, wer die Möglichkeit und Fähigkeit zu Introspektion und Kontemplation besitzt. Dies wiederum ist eine grundsätzliche Voraussetzung für eine kongruente, nichtentfremdete Lebensführung, die das Verwirklichungspotenzial des Individuums realisiert. Auch in der jeweiligen Konstellation zur Muße zeigen sich Parallelen. Wie Muße primär den Möglichkeitsraum und die Voraussetzung von *theoría* darstellt, welche wiederum kraft selbstreflexiven Denkens den Weg zur menschlichen Vervollkommnung weist und diese darstellt, so verhalten sich Selbstbestimmung und Selbstverwirklichung an mehreren Stellen nahezu analog.

Selbstbestimmung und Haltungen der Muße

Sofern Gelassenheit Freiheit impliziert wohnt ihr, wie oben erwähnt, die Möglichkeit selbstbestimmten Handelns inne (2.4). Dem dem Einnehmen einer gelassenen Haltung liegt nicht nur eine bewusste Entscheidung voraus, worin sich der Vollzug selbstbestimmten Tuns wiederfinden lässt. Darüber hinaus zeigt sich vielmehr ein Moment gelebter Selbstverwirklichung im rückhaltlosen Einlassen auf die Gesamtheit der individuellen Lebensrealität und -erfahrung – bar jeder Haftung an bedingten Selbstbildern, vorweggenommenen Bewertungen und verfälschten Erfahrungen. Versteht man Gelassenheit in diesem Sinne als eine Haltung eingebundener Unabhängigkeit, in welcher der Sinn der eigenen Handlungen weder ein fremdbestimmter ist, noch (allein) durch Handlungsziele definiert wird, dann lässt sich behaupten, dass Selbstbestimmung und Selbstverwirklichung in dieser Haltung zusammenfallen. Gelassenheit würde dieses Zusammenfallen beschreiben.

Den unterschiedlichen Verwirklichungskonzepten ist weitgehend gemein, dass sie über eine Zuwendung zu und eine Akzeptanz gegenüber dem eigenen Erleben und der eigenen Person erfolgen. Auch die Achtsamkeit ist in diesem Zusammenhang von Relevanz, da sie womöglich in ihrer Wertungsfreiheit und Gegenwartsorientierung Zugang zum intrinsischen Verwirklichungsdrang und ureigenen Wahrnehmungs- und Symbolisierungsprozessen verschafft, aber auch zu eigenen Werten, Bedürfnissen und Handlungsmöglichkeiten.

3.4 Krise

Der spezifische Ausnahmecharakter der Muße gegenüber den praktischen Handlungszwängen des Alltags ermöglicht einen Entscheidungsspielraum für eine selbstbewusste und selbstbestimmte Lebensgestaltung, die als solche Freiheit auch scheitern und misslingen kann. Als Schutzraum vor dem Praxis-, Überlebens- und Leistungsdruck stellt Muße aber einen Raum für existentielle (In-)Fragestellungen und Krisen dar, die sich in die Bezüge der Muße zu Theorie, ästhetischer Erfahrung und konkreter Lebensführung einschreiben.

Muße als Ausnahme

Auf den ersten Blick scheint Muße nicht viel mit einer Krise gemein zu haben; sie wird kaum mit einer krisenhaften Situation assoziiert, in der sich eine Spannungslage bis zu einem Wendepunkt, ja einer Entscheidung hin zuspitzt. Muße wird stattdessen mit Ruhe, Ungezwungenheit und selbstgenügsamem Glück in Verbindung gebracht. Dennoch wird bei genauerem Hinsehen klar, dass Muße strukturell durchaus auch mit Charakteristika der Krise beschrieben werden kann.

Bedenkt man die etymologische Herkunft von ‚Krise' vom griechischen Verb *krinein*, was soviel wie ‚trennen' und ‚unterscheiden' meint und als Substantiv mit der Bedeutung ‚Entscheidung', ‚Wendung' einhergeht[17], dann lässt sich danach fragen, ob der Muße nicht ein spezifisches Unterscheidungspotenzial innewohnt; ob Muße nicht einen spezifischen Wendepunkt beschreibt. Dafür spricht zweierlei.

---

[17] Vgl. Eintrag „κρίνω" in: Wilhelm Gemoll/Karl Vretska, *Gemoll. Griechisch-deutsches Schul- und Handwörterbuch*, 10., neu bearb. Aufl., München 2014, 480–481.

Erstens ist Muße die Ausnahme, nicht die Regel: Gleichgültig, ob Muße eine bestimmte Lebensform ausmacht oder bloß einen Freiraum innerhalb des alltäglichen Lebensvollzugs von den Zwängen und Obliegenheiten der Geschäfte meint, stets ist sie gegenüber den Anforderungen des Überlebens, der Haushaltsführung und der notwendigen organisatorischen Handlungszwänge die Ausnahme. Selbst für den freien griechischen Bürger, der Aristoteles zufolge in Muße leben können müsse, gilt, dass seine Normalität eines Lebens in Muße gerade durch die spezifische Ausnahme von den Zwängen des physischen Überlebens und Besorgens gekennzeichnet ist, womit sich gerade das spezifische Distinktionsmerkmal gegenüber den Unfreien, den Frauen und den Barbaren ergibt. Der Ausnahmecharakter erweist sich aber auch in weniger aristokratischen Modellen, wenn wir die Zeitgestaltung des aktiven Lebens betrachten. So ist die religiös und gesellschaftlich gebotene Muße, die am Sonntag oder Sabbat einzuhalten ist, die wesentliche Ausnahme im Wochengang und damit deren eigentümliches Strukturmoment. *Muße meint als grundsätzliche Ausnahme von der Normalität des Lebens die* differentia specifica, *von der her die Normalität überhaupt erst als solche beschrieben werden kann.* Muße ist die Ausnahme, die einen wesentlichen Unterschied ausmacht, mit deren Hilfe das Leben selbst erst strukturiert werden kann.[18]

[18] Die regelbestimmende Funktion der Ausnahme, als welche Muße hier reflektiert werden soll, hat Giorgio Agamben beispielhaft in einer Auseinandersetzung mit Carl Schmitt und Walter Benjamin vorgeführt. Vgl. Giorgio Agamben, *Homo sacer. Die souveräne Macht und das nackte Leben*, übers. v. Hubert Thüring, 9. Aufl., Frankfurt a.M. 2011; Benjamin, *Über den Begriff der Geschichte*; Carl Schmitt, *Politische Theologie. Vier Kapitel zur Souveränität*, Berlin 1993.

Muße und die Fähigkeit zur Theorie

Muße meint aber nicht nur selbst einen wesentlichen Unterschied, die Ausnahme vom Alltag, sondern entfaltet zweitens gerade als Ausnahme ein besonderes Unterscheidungsvermögen: Muße als Voraussetzung der Theorie ist mithin auch die Voraussetzung für einen wissenschaftlichen Zugang zur Welt, der in der Lage ist, Bestimmungen vorzunehmen und Unterscheidungen zu treffen, die die Welt angemessen beschreiben können. Es bedarf des Abstandes zu den Phänomenen der Welt, um den Prozessen des Lebens nicht blind durch die eigene Verwobenheit mit denselben gegenüber zu treten. Diese Abstandnahme, die ‚Epoché'[19], die es erst erlaubt, die Dinge als solche vor Augen zu bringen, sie als solche zu ‚schauen', ist dann ermöglicht durch die Muße, die es verbürgt, nicht verwickelt zu werden mit den Obliegenheiten der (alltäglichen) Welt. Somit ist es gerade diese Ausnahme-von (die zugleich eine *Freiheit-von* meint), welche die Distanz einräumt, sich der Welt im Sinne der Erkenntnis wiederum zuzuwenden. *Muße als distanzierende Ausnahme ermöglicht ein wahrheitsfähiges Einlassen auf die Welt, ist eine Freiheit zu Theorie und Erkenntnis.*

Dieser Muße-Freiraum zur Theorie ermöglicht aber nicht bloß ein harmonisches Weltverständnis, sondern birgt durchaus existentielles Krisenpotenzial in sich. So wird Sokrates in den platonischen Dialogen von seinen Gesprächspartnern aufgrund seines abgründigen und nervenzerrüttenden Fragens mithin als „Stechfliege" oder auch als „Zitterrochen" bezeichnet.[20] Es ist das rückhaltlose Fragen selbst – das erst

[19] Zur Epoché als Urteilsenthaltung, vgl. Edmund Husserl, *Cartesianische Meditationen und Pariser Vorträge* (Husserliana 1), Den Haag 1950, 22.

[20] Platon, *Apologie* 30e. Platons Werke werden zitiert nach: Platonis Opera, hg. v. John Burnet, Oxford 1900–1907; Platon, *Menon* 80a.

in einer Mußesituation, nämlich Abseits von allen Funktionszwängen des Alltags, gelingen kann –, das den Befragten in eine nagenden Infragestellung seines eigenen Selbstverständnisses drängt, ihn an allem und sich selbst zweifeln lässt und genau darin zu einer Krise sich auswachsen kann. Hier aber ist die Muße letztlich strukturell erforderlich, um sich zu solcher Selbst-Infragestellung überhaupt erheben zu können. Und wo sich die Philosophie selbst noch als *ars moriendi* versteht, ist wohl nicht mehr zu leugnen, dass gerade in der distanzierenden Abstandnahme der Muße-Situation auch das spezifische Vermögen zu einer Selbstbetrachtung gelegen ist, das in eine existentielle Krise zu treiben vermag. Hannah Arendt beschreibt dieses krisenhafte Verhältnis von Philosophie und Alltag bezeichnenderweise wie folgt: „Vom Denken her gesehen, ist das Leben in seinem bloßen Da-sein sinnlos; von der Unmittelbarkeit des Lebens und der Sinnenwelt her gesehen, ist das Denken, wie Platon sagt, ein Tod bei lebendigem Leibe."[21]

Muße als Schutzraum für Krise-Erfahrungen

Diesen strukturellen Übereinstimmungen der Muße mit der Krise als Ort der Unter- und Entscheidung bzw. Infragestellung widerspricht unser alltägliches Verständnis, das Krise und Muße als einen Gegensatz aufzufassen geneigt ist. Darum wird nun zu fragen sein, ob nicht auch der Muße, dem Garanten für Ruhe und selbstgenügsames Glück, die Kennzeichen der Krise als Spannung, als Ein- oder Umbruch, Schock und Selbstverunsicherung zugeschrieben werden können.

---

[21] Hannah Arendt, *Vom Leben des Geistes I*, München 1998, 93.

Ulrich Oevermann hat in seinem Vortrag *Krise und Muße* anhand des Konzepts der ästhetischen Erfahrung gezeigt, inwiefern gerade Mußesituationen geschützte Räume der Krise darstellen, durch die erst ein autonomes und auf Neues zielendes und mithin kritisches Urteil möglich wird. „Die selbstgenügsame Wahrnehmungshandlung ist genau ein Ort, an dem dieses Subjekt sich gewissermaßen freiwillig in die potenziell zur Krise sich öffnende Kontemplation begibt.“[22] Mit diesem Moment versucht Oevermann ein Konzept der ästhetischen Erfahrung zu etablieren, das über den Bereich der Ästhetik hinaus weitreichende Konsequenzen für seine Konzeption menschlicher Autonomie hat. Er geht dabei von einer selbstgenügsamen Wahrnehmung aus, durch die „die Wahrnehmungsorganisation gewissermaßen maximal gegenüber den einzelnen Details, Nuancen und spezifischen konfigurativen Prägnanzen des Wahrnehmungsfeldes geöffnet und deshalb sowohl Neuem maximal zugänglich als auch zu Neuem aufgrund der zweckfreien Kontemplativität maximal bereit“ sei.[23] Eine solche selbstgenügsame und maximal offene Wahrnehmung ist gerade durch den Schutz der Muße vor den Zwängen und Zwecken des Alltags ermöglicht. Sie „resultiert nicht aus der Plötzlichkeit einer Krise der Praxis, sondern kann sich umgekehrt erst unter der äußerlichen möglichst krisenfreien Bedingung der Muße herstellen. Darin eingebettet simuliert sie gewissermaßen die Krise, indem sie möglichst unvoreingenommen und voraussetzungslos eine gegenständliche Welt […] auf sich wirken läßt.“[24] Auf einer nicht simulierten Weise einer Krise ausgesetzt zu sein, wäre

---

[22] Ulrich Oevermann, „Krise und Muße. Struktureigenschaften ästhetischer Erfahrung aus soziologischer Sicht“, (1996), http://nbn-resolving.de/urn:nbn:de:hebis:30–5359 (Vortrag am 19.6.1996 in der Städel-Schule), PDF S. 8.

[23] Oevermann, *Krise und Muße*, 4.

[24] Oevermann, *Krise und Muße*, 15.

unter den Anforderungen des Alltags durchaus real bedrohlich – durch die Muße aber entsteht ein geschützter Raum, innerhalb dessen die Krise in Simulation erlebt werden kann. Diese Form der abgesicherten, simulierten Krise ist dennoch in der Lage eine reale Erschütterung der Routinen zu evozieren, die dann sowohl im Sinne der Ästhetik als auch im Sinne der Autonomie fruchtbar gemacht werden kann.

Oevermann rekurriert hier nicht auf Kants Philosophie des Erhabenen, die dafür den eigentlich philosophiegeschichtlich relevanten Verweis abgeben könnte. So wird bei Kant die ästhetische Erfahrung des Erhabenen als Erschütterung und als Abgrunderfahrung beschrieben[25], die zugleich eine Lust hervorbringt, insofern aus der Situation einer Unbeteiligtheit am Erschütternden die Vernunftidee der Menschheit erfahren werden kann:

> „Die Verwunderung, die an Schreck grenzt, das Grausen und der heilige Schauer, welcher den Zuschauer bei dem Anblick himmelansteigender Gebirgsmassen, tiefer Schlünde und darin tobender Gewässer, tief beschatteter, zum schwermütigen Nachdenken einladender Einöden usw. ergreift, ist bei der Sicherheit worin er sich weiß, nicht wirkliche Furcht, sondern nur ein Versuch, uns mit der Einbildungskraft darauf einzulassen, um die Macht ebendesselben Vermögens zu fühlen, die dadurch erregte Bewegung des Gemüts mit dem Ruhestande desselben zu verbinden und so der Natur in uns selbst, mithin auch der außer uns, sofern sie auf das Gefühl unseres Wohlbefindens Einfluß haben kann, überlegen zu sein."[26]

Dass Muße eine Voraussetzung für die Erfahrung des Schönen ist, leuchtet unmittelbar ein, da wir gerade durch Muße die spezifische Interesselosigkeit, die Kant zur Bedingung

---

[25] Vgl. Immanuel Kant, *Kritk der Urteilskraft*, Kants Gesammelte Schriften, Bd. V, hg. v. Berlin-Brandenburgische Akademie der Wissenschaften, Berlin 1912, B 98–99.

[26] Kant, *Kritik der Urteilskraft*, B 117.

ästhetischer Erfahrung erhebt, verbürgen können. Wer in Muße betrachtet, ist weder durch Zwänge noch durch konkrete Absichten bestimmt. Es verwundert da schon mehr, dass auch die Erfahrung des Erhabenen auf die Muße bezogen bleibt. Doch auch hier gilt, dass bei allem Schrecken, Grausen und Schauer, die durch Größe und Macht im menschlichen Gemüt geweckt werden, solche Erfahrung nur dann ästhetisch sein kann, wenn sie zugleich in Sicherheit vor diesen Mächten stattfindet, wo sie unbetroffen bleibt von den realen Gefahren und Zwängen der Infragestellung des eigenen (Über-)Lebens, das heißt dort, wo eine Muße-Situation vorliegt. Weder ein Handlungszwang noch ein Handlungszweck bestimmt diese Erfahrung, die gleichsam selbstgenügsam ist und dennoch eine Krise evoziert, einen Schrecken und ein Ahnung von der eigenen Zerbrechlichkeit, der man aber gerade in dieser Erfahrung nicht real ausgesetzt ist. In diesem Sinne kann auch hier von der Muße als Schutzraum von Krise-Erfahrungen gesprochen werden.

Die Krise der Selbstverständlichkeit

Oevermann wie Kant sehen also ein spezifisch ästhetisches Verhältnis zur Welt (zumindest im Sinne des Erhabenen) grundgelegt in der Situation einer Unbeteiligtheit und Sicherheit. Diese kann die Krise nicht nur als Gefährdung, sondern gerade die Gefährdung in der Krise als Selbsterfahrung fruchtbar machen und darin zu autonomer Erkenntnis des Subjektes führen. In welchem Maße diese Situation einer Erschütterung und Krise in gleichzeitiger Sicherheit der Muße entspricht, zeigt sich deutlicher, wenn wir sehen, worin die Philosophie laut Platon und Aristoteles ihren Ausgang nimmt, nämlich dem Staunen. „Weil sie sich nämlich wunderten, haben die Menschen zuerst wie jetzt noch zu philosophieren begonnen; sie wunderten sich anfangs über das Unerklärliche, das ihnen entgegentrat."[27] Dieses Staunen und Wundern ist selbst bereits krisenhaft, insofern es das Selbstverständliche in Frage stellt, und damit erst aus der Erschütterung des Selbstverständlichen zu einem Einlassen auf das Unerklärliche führt, welches dann theoretisches Fragen eröffnet. Diese theoriefundierende Krise bedarf aber wiederum der Muße, die den wesentlichen Abstand zu den alltäglichen Erfordernissen verbürgt, aus der heraus wir überhaupt die Freiheit gewinnen, nicht um unseres Überlebens willen einfach nur selbstverständlich zu funktionieren und zu agieren. *Die Muße meint dann eine Ruhe, Sicherheit und Ungezwungenheit, die einer Krise im Sinne einer grundsätzlichen Infragestellung erst Raum verschafft und somit nicht bloß theoretisches Fragen ermöglicht, sondern gleichwohl beispielsweise mystische Erfahrungen mit dem Absoluten eröffnen kann.*

Muße-Haltungen als Krisenerfahrungen?

Wenn die Muße also einen produktiven Raum der Krise eröffnet, dann muss weiter gefragt werden, ob nicht Muße-Praktiken wie die der Gelassenheit oder der Achtsamkeit ebensolche Krisenmomente innewohnen. Heidegger schreibt in der Gelassenheitsschrift: „Die Gelassenheit zu den Dingen und die Offenheit für das Geheimnis gehören zusammen. Sie gewähren uns die Möglichkeit, uns auf eine ganz andere Weise in der Welt aufzuhalten. Sie versprechen uns einen neuen Grund und Boden, auf dem wir innerhalb der technischen Welt, und ungefährdet durch sie, stehen und bestehen können."[28] Auch hier haben wir wieder eine Situation

[27] Aristoteles, *Metaphysics*, 982b12–20. Übersetzung nach F. Schwarz.
[28] Martin Heidegger, *Gelassenheit*, 3. Aufl., Pfullingen 1959, 26.

vor Augen, die durch einen spezifischen Abstand – hier vom technischen Weltzugang, der unseren Alltag prägt – zu einer krisenhaften Offenheit gelangt, insofern gerade dadurch unser alltägliches Selbstverständnis in Frage gestellt werden kann. Es meint durchaus eine Entscheidung „als das *eigens* übernommene Sichöffnen des Daseins *für* das Offene“[29], das sich als ein Loslassen des Selbst verstehen lässt. Wenn wir von dem Ablassen der Werturteile in Achtsamkeitstechniken hören, die letztlich in buddhistischen Konzepten der Selbstnivellierung wurzeln, haben wir mit Vergleichbarem zu tun. Das Lassen des Selbst, welches die Muße ausfüllen kann, ist auch hier als radikale, das heißt das Selbst und die Welt in Frage stellende Krisensituation zu verstehen, wenn Krise als Ent-scheidung verstanden wird.

Mit der Verbindung von Muße und Krise wird zudem noch eine weitere Konstellation relevant, nämlich die von Muße und der (der Krise etymologisch verwandten) Kritik. Kritik setzt eben den gelassenen Abstand zum Kritisierten voraus, der durch eine Situation der Muße gewährleistet wird, welche eine grundsätzliche Infragestellung seiner Selbst und aller Selbstverständlichkeiten eröffnet. *Muße ist damit als Raum der Krise Voraussetzung von Kritik.* Muße meint dann den paradoxen Raum einer geschützten und dem Zwang enthobenen Ausnahme, in der das Denken erst radikal Gefahr und Zwang reflektieren und mithin die Möglichkeit radikaler Kritik entwickeln kann. Somit gehen hier Glück und Selbsterschütterung, Freiheit und Bewusstsein der Bedingtheit ein dialektisches Verhältnis ein. In diesem Sinne kann Adorno schreiben:

> „Das Glück, das im Auge des Denkenden aufgeht, ist das Glück der Menschheit. Die universale Unterdrückungstendenz geht gegen den Gedanken als solchen. Glück ist er, noch wo er das

[29] Heidegger, *Gelassenheit*, 61.

Unglück bestimmt: indem er es ausspricht. Damit allein reicht Glück ins universale Unglück hinein. Wer es sich nicht verkümmern läßt, der hat nicht resigniert."[30]

3.5 Exklusion und Ungleichheit

Wenn sich die positiven Effekte von Muße als Verwirklichung menschlicher Freiheit beschreiben lassen, so ist damit noch nicht gesagt, dass diese Effekte allen Individuen gleichermaßen zu Gute kommen. Muße war und ist immer ungleich in Gesellschaften verteilt, soziale Gruppen von Muße und Muße-Praktiken ausgeschlossen. Muße wird so als Indikator sozialer Ungleichheit erkennbar.

Muße als Lebensstil

Muße und Müßiggang sind – positiv wie negativ – stark wertgeladene Begriffe. Eine werturteilfreie Behandlung des Themas erscheint äußerst schwierig, mit diesem Umstand ist offen umzugehen.[31] Den folgenden Ausführungen zur ungleichen Verteilung von Muße in modernen westlichen Gesellschaften liegt eine Soziologie der sozialen Ungleichheit zugrunde, die insbesondere durch die Arbeiten Pierre Bourdieus inspiriert ist. Sie sind in dem Sinne kritisch, in dem sie gegenüber einer „scholastischen Sicht" der Welt nach den sozialen Bedingungen der Möglichkeit von Muße fragen, und damit in einer gewissen aufklärerischen Tradition zu verorten

---

[30] Theodor W. Adorno, *Kulturkritik und Gesellschaft. Prismen. Ohne Leitbild. Eingriffe. Stichworte. Anhang*, Gesammelte Schriften, Bd. 10.2, hg. v. Rolf Tiedemann, Frankfurt a. M. 2003, 799.

[31] Vgl. Andreas Reckwitz, *Die Erfindung der Kreativität. Zum Prozess gesellschaftlicher Ästhetisierung*, Berlin 2011, 17–18.

sind.[32] Gegenstand der Beschreibung und Analyse sind dabei allein moderne Gesellschaften. Es ist zwar davon auszugehen, dass sich die hier dargestellte Ungleichverteilung von Muße auch in anderen historischen Gesellschaftsordnungen finden lässt. Wie diese jedoch jeweils beschaffen ist, wäre im Einzelnen aus historischer Fachperspektive zu untersuchen.

Soziologische Lebensstilkonzepte als Weiterentwicklung der klassischen Sozialstrukturanalyse zielen darauf ab, materielle und kulturelle Aspekte der Lebensführung mit individuellen Handlungsweisen zu kombinieren. Das heißt, die unterschiedlichen Lebensstile von Menschen sind nicht nur auf eine unterschiedliche Ressourcenausstattung an Geld oder Bildung zurückzuführen, sondern hängen gleichermaßen von den zur Verfügung stehenden kulturellen Handlungsmöglichkeiten ab, zum Beispiel dem Zugang zu Mußeräumen. Sie zeichnen sich somit grundlegend dadurch aus, dass sie die ökonomischen bzw. materiellen Existenzbedingungen zu den kulturellen bzw. ideellen Existenzbedingungen in Bezug setzen.[33]

Zentrale Impulse für die Lebensstilforschung gehen von Bourdieus soziokultureller Ungleichheitstheorie aus, der

[32] Pierre Bourdieu, *Meditationen. Zur Kritik der scholastischen Vernunft*, Frankfurt a. M. 2004, 217–218.

[33] Vgl. Hans-Peter Müller, *Sozialstruktur und Lebensstile. Der neuere theoretische Diskurs über soziale Ungleichheit*, 2. Aufl., Frankfurt a. M. 1993, 376–377. Im Anschluss an Hans-Peter Müller lassen sich Lebensstile wie folgt definieren: „Unter dieser Vorgabe könnte man Lebensstile als raum-zeitlich strukturierte Muster der Lebensführung fassen, die von Ressourcen (materiell und kulturelle), der Familien- und Haushaltsform und den Werthaltungen abhängen. Die Ressourcen umschreiben die *Lebenschancen*, die jeweiligen Optionen und Wahlmöglichkeiten; die Haushalts- und Familienform bezeichnet die *Lebens-, Wohn- und Konsumeinheit*; die Werthaltungen schließlich definieren die vorherrschenden *Lebensziele*, prägen die Mentalitäten und kommen in einem spezifischen Habitus zum Ausdruck."

Lebensstile als Ausdruck moderner Klassenverhältnisse interpretierte und mit dem Habituskonzept einen Schlüsselbegriff der Lebensstilforschung entwickelt hat. Bourdieu geht davon aus, dass in Lebensstilen soziale Ungleichheit auf symbolischer Ebene legitimiert und reproduziert wird. Wie bereits angedeutet, bietet das Habituskonzept somit eine Möglichkeit, das Zusammenspiel von objektiven Lagen (Kapitalbesitz) und subjektiven Bewertungen (Lebensstil) in den Blick zu nehmen, ohne die Frage nach der sozialen Lage aus dem Blick zu verlieren.[34]

Dahinter steht die Einsicht, dass sich in modernen westlichen Gesellschaften das spezifische Verhalten von Personen oder Gruppen, also ihre Lebensführung, aus der jeweiligen sozialstrukturellen Position bzw. der sozioökonomischen Stellung ableiten lässt. Für die soziologische Mußeforschung bedeutet dies – so unser zentrales Argument –, dass auch Muße-Praktiken (verstanden als ein Bereich der Lebensführung) auf soziale Lagen bezogen werden und entsprechend als sozial beeinflusst verstanden werden müssen. Mit Rückgriff auf die Lebensstil- und Habitusforschung wird daher insbesondere das Verhältnis von Muße und sozialer Ungleichheit zu prüfen sein. Dahinter steht die Vermutung, dass die soziale Zuordnung in Deutschland zu einem großen Teil über Stilfragen erfolgt und hierüber soziale Ungleichheiten vermittelt und reproduziert werden. In dem Maße, in dem die Berufs- und Arbeitswelt ihre Identifikationsfunktion für eine Mehrheit der Bevölkerung in der postindustriellen Gesellschaft verloren hat, werden Freizeit- und Muße-Aktivitäten zu einem zentralen Bestimmungsmerkmal

[34] Alexander Lenger / Christian Schneickert / Florian Schumacher (Hg.), *Pierre Bourdieus Konzeption des Habitus. Grundlagen, Zugänge, Forschungsperspektiven*, Wiesbaden 2013.

individueller Lebensstile.[35] Folglich ist der Bezug von Muße zu sozialstrukturellen Merkmalen (Sozioökonomische Stellung, Geschlecht, Nationalität, Alter etc.) herauszuarbeiten.

Muße als Distinktionsmerkmal

Muße kann somit als eine gängige *Distinktionskategorie* im Sinne der klassischen soziologischen Ungleichheitsforschung verstanden werden. Diesbezüglich gilt es allerdings festzuhalten, dass auch in dieser Forschungstradition Muße häufig als Synonym für Freizeit, also von Arbeit befreiter Zeit gesehen wird.[36]

Muße lässt sich sozialgeschichtlich über den *Klassenbegriff* rekonstruieren und ist in diesem Sinne als Begriff einer stratifikatorischen Gesellschaft zu verstehen. Anknüpfend an Aristoteles wird Muße klassisch als die Befreiung von harter, körperlicher Arbeit und damit als das *Privileg* einer herrschenden Klasse beschrieben. Solche Begründungsmuster konzipieren Muße *a priori* funktionalistisch, insofern die dienende Klasse der herrschenden Klasse durch ihre subsistenzsichernde Arbeit Freiräume zur *kulturellen Verfeinerung* eröffnen soll. Muße entspricht damit einem *vorindustriellen Freizeitbegriff*, wobei die Unterscheidung von *Arbeit und Freizeit* erst durch die Industrialisierung entsteht (2.1). Im Zuge der Industrialisierung kommt es zu einer Wandlung des Muße-Monopols. Muße kommt nicht mehr allein der Oberschicht zugute, sondern wird als Freizeit allen Bürgern zur Verfügung gestellt. Der Zugang zu Muße spiegelt so „die Säkularisierung und Demokratisierung der Lebensverhältnisse

---

[35] Vgl. exemplarisch Gerhard Schulze, *Die Erlebnis-Gesellschaft. Kultursoziologie der Gegenwart*, 2. Aufl., Frankfurt a. M. 1992.

[36] Insbes. Thorstein Veblen, *Theorie der feinen Leute. Eine ökonomische Untersuchung der Institutionen*, 6. Aufl., Frankfurt a. M. 2011.

wieder". Trotz dieser Tendenzen diagnostiziert die Mußeforschung, immer wenn sie Muße in Unterscheidung von bloßer Freizeit thematisiert, sowohl in traditionalen Gesellschaften wie auch in zeitgenössischen Gesellschaften ein Muße-Monopol der herrschenden Schicht.[37]

Thorstein Veblen beschreibt, wie mit dem Übergang in die Industriegesellschaft die *müßige Klasse* eine neue und konkrete Bedeutung gewinnt. Sie ist das zentrales Element seiner *Theorie der feinen Leute*, in der der demonstrative Konsum und der *demonstrative Müßiggang* (das heißt die nicht-produktive Verwendung der Zeit) als Lebensstil dieser Klasse hervorgehoben werden. Der Konsum von Luxusgütern wird zum Beweis von Reichtum und somit an sich ehrenvoll, die Unterscheidung zwischen edlen und gemeinen Gütern und damit das Erlernen ästhetischer Fähigkeiten – also Geschmack – wird zur strukturellen Pflicht. So vertritt Veblen die These, dass *demonstrative Muße* und demonstrativer Konsum für die gesamte Gesellschaft zur anerkannten Strategie werden, zur Genese von Prestige beitragen können und eine Demonstration der sozialen Position im sozialen Vergleich ermöglichen. Entscheidend ist hierbei die Einsicht, dass die soziale Position nicht nur durch die finanzielle Überlegenheit bestimmt wird.[38]

Demokratisierung der Muße?

Inzwischen wird häufig die These formuliert, dass sich das Arbeit-Freizeitverhältnis mittlerweile umgekehrt hat, sodass Niedrig-Qualifizierte ein hohes Maß an Freizeit haben,

---

[37] Vgl. Michael Jäckel, *Zeitzeichen. Einblicke in den Rhythmus der Gesellschaft*, Weinheim 2012, 30–32; Zitat: 32.

[38] Vgl. Veblen, *Theorie der feinen Leute*; wie später auch Weber, *Protestantische Ethik*.

während die Berufsgruppen im oberen Segment mit anspruchsvollen und abwechslungsreichen Tätigkeiten fehlende Freizeit beklagen. So hat Jonathan Gershuny einen historischen Wandel in der „work-leisure balance" diagnostiziert, in der nicht mehr Freizeit, sondern Arbeit als Distinktionsmerkmal fungiert.[39] Staffan B. Linder identifiziert gar eine fundamentale Umkehrung im Verhältnis von sozialer Lage und verfügbarer Zeit.[40] Historisch lässt sich folgendes vermuten:

> „Die Demokratisierung der Freizeit führte somit zu einer Entwertung des früheren Muße-Monopols, das sich als Statusmerkmal eine begüterte Klasse, die nicht arbeiten musste, ableitete."[41]

Für die Mußeforschung ist darüber hinaus die Einsicht der Lebensstilforschung zentral, dass sich etwa seit den 1970er Jahren eine strukturelle Dynamisierung der Identitätskonstruktion vollzieht, das heißt, dass die Wahlmöglichkeiten und Differenzierungsweisen mit Blick auf die zentralen Lebens- und Identitätsdimensionen signifikant zunehmen.[42] Es kommt in der Postmoderne zu einer Ausdifferenzierung der individuellen Lebenslagen und einer Auflösung der ‚Cluster' an Identitätsmerkmalen, die mit hoher Wahrscheinlichkeit zusammen auftreten.[43] So weisen weder bestimmte Berufsgruppen zwangsläufig bestimmte Parteipräferenzen auf, noch können verschiedenen Statusgruppen oder Altersphasen

---

[39] Gershuny, „Veblen in Reverse. Evidence form the Multinational Time-Use Archive", 38.

[40] Vgl. Staffan Burenstam Linder, *The harried leisure class*, New York 1970; vgl. auch Harold L. Wilensky, „The Uneven Distribution of Leisure. The Impact of Economic Growth on „Free Time"", in: *Social Problems* 9,1 (1961), 32–56, 37.

[41] Jäckel, *Zeitzeichen*, 41.

[42] Grundlegend Ulrich Beck, *Risikogesellschaft. Auf dem Weg in eine andere Moderne*, Frankfurt a. M. 1986.

[43] Vgl. Rosa, *Beschleunigung*, 363.

bestimmte Muße-Strukturen zugeschrieben werden. In der Postmoderne sind Menschen somit nicht nur mit einer temporalen „Entstrukturierung des Lebenslaufes" konfrontiert, sondern müssen sich zugleich mit einer radikalen „Flexibilisierung des Alltags" auseinandersetzen.[44]

Im Kern gilt es festzuhalten, dass die Zeitverwendungsmuster in der Postmoderne individuell und flexibel gestaltet werden und weniger auf bestimmte soziostrukturelle Faktoren zurückführbar sind. Dennoch liegt es angesichts der empirischen Befunde der Lebensstilforschung nahe, bestimmte klassische Muße-Phänomene und Muße-Erfahrungen innerhalb bestimmter privilegierter Schichten zu suchen.[45] Hier hat ein qualitativer Wechsel stattgefunden. Nicht mehr die Menge, sondern die Art und Weise, wie die Freizeit verbracht wird und deren subjektive Interpretation sind zum entscheidenden Distinktionsmerkmal geworden. Insgesamt zeigt sich, dass Freizeit als Distinktionsmerkmal angesichts anhaltender Arbeitslosigkeit zunehmend an Wert verliert, während kontemplative (und zugleich distinktive) Muße-Praktiken als Freizeitbeschäftigung (Theater, Oper, Wandern etc.) an Wert gewinnen. So wäre die These denkbar, dass die Berufe der Wissensgesellschaft, welche als Kehrseite der Medaille dem Primat der Subjektivierung von Arbeitskraft unterliegen[46], umgekehrt als Tätigkeiten eine

[44] Rosa, *Beschleunigung*, 366.

[45] Auch wenn die Diskussion um Individualisierung und Pluralisierung von Lebensstilen auf eine Auflösung bzw. Fragmentierung sozialer Klassen und Milieus hinweist, deuten doch verschiedene empirische Untersuchungen auf die Persistenz von Milieus hin. Milieustudien betonen explizit die für die Mußeforschung zentralen Aspekte der subjektiven Bewertung von Lebensführung vgl. Nicole Burzan, *Soziale Ungleichheit. Eine Einführung in die zentralen Theorien*, 3., überarb. Aufl., Wiesbaden 2007, 103.

[46] Vgl. Bröckling, *Das unternehmerische Selbst*; Gert Günter Voß u. Hans J. Pongratz, „Der Arbeitskraftunternehmer. Eine neue Grundform

Erfüllung im Sinne einer Muße-Erfahrung bieten können (3.1). Zugleich sind nahezu alle Muße-Erfahrungen durch die Verfügbarkeit von Kapitalsorten gekennzeichnet, sei es nun ökonomisches, kulturelles oder symbolisches Kapital. Auch deshalb ist von einer sozial ungleichen Strukturierung von Muße auszugehen.[47]

Für die Mußeforschung ist von besonderem Interesse, dass die Ausführungen auf einen *unmittelbaren Zusammenhang zwischen Muße und sozialer Herkunft* hinweisen. Ein solcher Einfluss kann jedoch in zweifacher Weise gelesen und forschungspraktisch verfolgt werden. So ist es einerseits denkbar, dass spezifische soziale Praktiken als Muße-Praktiken definiert werden und geprüft wird, wie diese sich soziokulturell im sozialen Raum verteilen. Solche *Strukturierungsmodelle* (prominent vertreten von Veblen, Bourdieu) definieren Lebensstilgruppen durch strukturelle Kriterien und ergänzen die klassische Sozialstrukturanalyse um Aspekte der Lebensführung. Hierbei kann auf die *soziale Stratifizierung* moderner Gesellschaften abgestellt und ‚klassische' Muße-Praktiken, wie Opern- oder Theaterbesuche, die Lektüre von Büchern, Musizieren etc., einer sozial privilegierten Schicht zugerechnet werden. Andererseits ist es aber auch denkbar, Muße als einen spezifischen

der Ware Arbeitskraft?", in: *Kölner Zeitschrift für Soziologie und Sozialpsychologie* 50,1 (1998), 131–158.

[47] Im Kern weisen die empirischen Befunde der Lebensstil- und Zeitbudgetforschung darauf hin, dass frei verfügbare Zeit und somit in einem abstrakteren Sinne Muße zu einem zeitlichen Wohlstandsindikator geworden sind. Eindrucksvoll zeigt sich das Problem fehlender Zeitautonomie bei den „Arbeitslosen von Marienthal", wo als Folge anhaltender Arbeitslosigkeit zwar ein Maximum an freier Zeit zur Verfügung steht, diese Zeit aber nicht autonom genutzt werden kann vgl. Marie Jahoda/Paul F. Lazarsfeld/Hans Zeisel, *Die Arbeitslosen von Marienthal. Ein soziographischer Versuch über die Wirkungen langandauernder Arbeitslosigkeit*, 20. Aufl., Frankfurt a. M. 2007.

Teilbereich der subjektiven Lebensführung zu rekonstruieren. Solche *Entstrukturierungsmodelle* (prominent vertreten durch Lüdtke, Spellerberg) zeichnen sich dadurch aus, dass Lebensstile zu einem alternativen Erklärungsansatz für soziale Ungleichheit werden, da nicht mehr durch Ressourcen definierte soziale Gruppen relevant sind, sondern die Zugehörigkeit auf ähnliche Lebensstile (im vorliegenden Falle Muße-Praktiken) zurückgeführt wird. Lebensstile stellen hier einen eigenständigen Modus sozialer Differenzierung dar.[48] Eine solche individualistische Perspektive verweist darauf, dass prinzipiell alle Menschen bzw. Gruppen in nahezu beliebig vielen Situationen und Kontexten Muße-Erfahrungen haben können, da ihre Lebensstildispositionen ihrer sozialen Lage entsprechend an ihre soziale Praxis angepasst erscheinen. Demgemäß wäre bei diesem Ansatz herauszuarbeiten, welche spezifischen Handlungsmuster Menschen eine *a priori* definierte Muße-Erfahrung vermitteln. Hierzu wären aber aus empirischer Sicht sämtliche Handlungsalternativen gleichermaßen auf ihre *Muße-Erfahrung* bzw. ihr *Muße-Potenzial* hin zu prüfen und ein *Muße-Begriff* anzulegen, der extern definiert werden müsste.

---

[48] So Burzan, *Soziale Ungleichheit*, 94. Diese Entstrukturierung der gesellschaftlichen Entwicklung wird in der Soziologie unter dem Topos einer „Pluralisierung der Lebensstile“ (Wolfgang Glatzer/Wolfgang Zapf/Regina Berger-Schmitt, *Lebensqualität in der Bundesrepublik. Objektive Lebensbedingungen und subjektives Wohlbefinden*, Frankfurt a. M./New York 1984, 399; Stefan Hradil, *Die Sozialstruktur Deutschlands im internationalen Vergleich*, 2. Aufl., Wiesbaden 2006, 90) bzw. „Differenzierung der Lebensstile“ (Karl Martin Bolte/Stefan Hradil, *Soziale Ungleichheit in der Bundesrepublik Deutschland*, Opladen 1984, 256). oder „Heterogenisierung der Lebensstile“ (Peter A. Berger, „Klassen und Klassifikationen. Zur „neuen Unübersichtlichkeit“ in der sozipölogischen Ungleichheitsdiskussion“, in: *Klassen und Klassifikationen* 39,1 [1987], 59–85, 69–71) zusammengefasst.

4. Ausblick

Im ersten Teil dieses Ergebnisberichts unserer Arbeit ging es uns darum, Muße in begrifflichen Konstellationen greifbar zu machen. Mit *Arbeit*, *Freizeit*, *Kontemplation*, *Achtsamkeit* und *Gelassenheit* haben wir auf zentrale Konzepte rekurriert, die sowohl in der Tradition als auch in der Gegenwart eine Konzeptualisierung der Muße anleiten. Diese Auswahl bietet keinen erschöpfenden Begriffsapparat. Vielmehr verortet sie sowohl jene Konzepte, die Muße als vermeintliche Gegensätze (Arbeit und Freizeit) oder als womöglich wesentliche Muße-Praktiken (*theoría*, *contemplatio*) inhaltlich bestimmbar machen, als auch verwandte Konzepte, die gerade durch ihre spezifische Muße-Nähe diese im Kontrast sichtbar werden lassen (Gelassenheit, Achtsamkeit).

Im zweiten Teil wurden Bedingungen, Attribute, Folgen oder Begleiterscheinungen der Muße reflektiert: *Erkenntnis*, *Freiheit*, *Selbstbestimmung* und *Selbstverwirklichung*, *Krise*, *Sozialität*. Diese sachlich mit der Muße verbundenen Themenfelder eröffneten die Möglichkeit, die Konzepte der Muße problemorientiert aufeinander zu beziehen. Diese Zusammenstellungen haben den forschungsstrategischen Vorteil, dass sie es uns erlauben, die Muße abseits vorschneller Gleichsetzungen und Verallgemeinerungen als wissenschaftlichen Analysebegriff in Stellung zu bringen.

Nach unserer kartographischen Begriffsarbeit lässt sich nun erstens diachron fragen, worin das spezifische Freiheitsmoment von mönchischer Lebensführung, der modernen, säkularen Achtsamkeitspraxis und einem Leben ohne

Lohnarbeit zu suchen wäre, denn alle drei Motive können hinsichtlich der Muße thematisch sein und sie ausmachen. Zweitens lassen sich jetzt historische Linien aufzeigen, die von den Erkenntnisversprechen kommerzialisierter Muße heute zurück zur Selbstbeschreibung antiker Denker führen. Drittens schließlich ergeben sich normative Fragen: Wenn Muße-Praktiken für menschliche Freiheit und Selbstverwirklichung relevant sind, dann wird die Ungleichheit in der Verteilung von Muße innerhalb einer Gesellschaft problematisch, weil sie eine Ungleichverteilung von Freiheit ist.

Ein erster Fluchtpunkt unserer Arbeit lag auf der Frage nach der Aktualität der Muße. Diese in den Vordergrund zu rücken bedeutet keinesfalls, die historischen Aspekte auszuschließen. Sie ergibt sich vielmehr daraus, dass Konzepte der Muße in der Artikulation individueller und geteilter Wünsche und Bedürfnisse gegenwärtig besonders prominent sind. Am Leitfaden dieser Konzepte lässt sich deshalb von den breiteren öffentlichen Diskussionen der Gegenwart in die Ideengeschichte zurückgehen. Die historische Arbeit kann so zu einer Aufklärung darüber beitragen, was wir uns wünschen, wenn wir uns (mehr) Muße wünschen.

Ein Beispiel für eine solche Aufklärung ist der Muße-Begriff selbst: Eine Konfrontation des aristotelischen Muße-Konzepts mit den Bedingungen der modernen Arbeitswelt kann für Fragestellungen nach Beschleunigung, Wachstum, dem modernen Politikverständnis oder einer Ethik des gelingenden Lebens fruchtbar gemacht werden. Dies führt schließlich auch zu der These, dass gerade in modernen Verhältnissen der Muße ein kritisches Potenzial zukommt: Das Konzept der Muße kann Missstände unserer Lebenswelt jenseits ideologischer Verbrämungen aufzeigen und so daran mitwirken, Aussichten auf alternative Lebensformen zu gewinnen. Wenn Muße in der Sache mit Freiheit und Selbstbestimmung verbunden ist, dann sind etwa die antiken und die modernen Paradigmen der Ethik, die jeweils im Glück und in der Freiheit ihr Zentrum haben, nicht voneinander zu trennen. Sie überschneiden sich vielmehr gerade in der Frage nach der Muße. Gegen eine postmoderne Verabschiedung dieser Paradigmen spricht, dass sie sich im Hinblick auf die Bedürfnisse unserer Zeit als hoch aktuell erweisen.

Das betrifft besonders das der Muße inhärente Glücksversprechen, auf das wir als zweiten Fluchtpunkt unserer Überlegungen immer wieder stoßen, und das auch in der Geschichte der Muße-Konzepte am Anfang steht: Wie bei Aristoteles Muße (*scholé*) untrennbar mit der Glückseligkeit (*eudaimonía*) verbunden wird, so dass Aristoteles sogar sagen kann, beide seien dasselbe[1], so ist die mußevolle Lebensgestaltung in der marxistischen Utopie aus einem gelingenden und glücklichen Leben nicht wegzudenken. Auch Achtsamkeit und Gelassenheit, Erkenntnis, Freiheit und Selbstverwirklichung – all diesen Konzepten ist ein Bezug zum Glück nicht abzusprechen.

Genau hier wäre deshalb anzusetzen, um nicht bloß ein kritisches Korrektiv für ein gelingendes Leben unter aktuellen Bedingungen zu formulieren, sondern vielmehr das Verständnis dessen, was Glück ist, selbst eines kritischen Blickes zu würdigen. Führt man sich vor Augen, was Muße sein kann und was nicht, so lässt sich fragen, ob nicht auf einen Begriff des Glücks rekurriert werden könnte, der über Glücksempfinden oder einen Zustand von *happiness* hinausgeht und als ein *Glück in Muße* begriffen werden kann, ein tätiges, aber auch absichtsloses Glück.

In dieser Perspektive führt die Theorie der Muße zu einer Theorie gelingenden Lebens, die ein Korrektiv zu der in der Moderne strukturell verankerten Tendenz darstellen kann,

---

[1] Vgl. Aristoteles, *Ethica Nicomachea*, Oxford 1894, 177b4–5. δοκεῖ τε ἡ εὐδαιμονία ἐν τῇ σχολῇ εἶναι:

Zufriedenheit in einer Sucht nach einem ewigen ‚Mehr' grundsätzlich zu verfehlen. Dieses Glück ließe sich jedoch nicht aus einem Verständnis der menschlichen Natur ableiten, sondern zeigte sich in der komplexen Konstellation von Begriffen, die wir als Konzepte der Muße untersucht haben. Auch wenn man die aristotelische Annahme eines objektiven Begriffes von Glück nicht teilt, sondern auf ein individuelles Glücksverständnis abstellt, bliebe Muße Bedingung und Vollzugsform der vielfältigen Formen von Glück, wie es in einem freien, selbstbestimmten, sich selbst verwirklichenden, achtsamen und gelassenen Leben zu finden wäre. Hans Blumenberg hat bemerkt, dass es unser Glück sei, dass wir nicht wüssten, was Glück ist.[2] Aber in all dem, was Menschen in Muße tun, scheint vielleicht doch ein Wissen darum auf.

[2] Vgl. Hans Blumenberg, *Die Sorge geht über den Fluß*, Frankfurt a.M. 1987, 215. Zum Zusammenhang von Glück und Muße bei Blumenberg vgl. Tobias Keiling, „The pleasure of the Non-Conceptual. Theory, Leisure and Happiness in Hans Blumenberg's Philosophical Anthropology", in: *SATS. Northern European Journal of Philosophy* (im Erscheinen).

Literatur

Adorno, Theodor W., „Negative Dialektik", in: *Negative Dialektik. Jargon der Eigentlichkeit*, Gesammelte Schriften, Bd. 6, hg. v. Rolf Tiedemann, Frankfurt a. M. 1984.

Adorno, Theodor W., *Kulturkritik und Gesellschaft. Prismen. Ohne Leitbild. Eingriffe. Stichworte. Anhang*, Gesammelte Schriften, Bd. 10.2, hg. v. Rolf Tiedemann, Frankfurt a. M. 2003.

Agamben, Giorgio, *Homo sacer. Die souveräne Macht und das nackte Leben*, übers. v. Hubert Thüring, 9. Aufl., Frankfurt a. M. 2011.

Arendt, Hannah, *Vita activa oder vom tätigen Leben*, 13. Aufl., München u. a. 2013.

Arendt, Hannah, *Vom Leben des Geistes I*, München 1998.

Aristoteles, *Politica*, hg. v. William David Ross, Oxford 1957.

Aristoteles, *Metaphysics*, hg. v. William D. Ross, Repr. with corr. Aufl., Oxford 1953.

Aristoteles, *Ethica Nicomachea*, Oxford 1894.

Augustinus, Aurelius, *De vera religione*, übers. v. Josef Lössl, hg. v. Josef Lössl, Paderborn 2007.

Augustinus, Aurelius, *Selbstgespräche – Soliloquia*, übers. v. Hanspeter Müller, hg. v. Harald Fuchs, 3. Aufl., München 2002.

Augustinus, Aurelius, *Der Gottesstaat – De civitate dei*, übers. v. Carl Johann Perl (Aurelius Augustinus' Werke), Paderborn 1979.

Basilius von Caesarea, „Homiliae in Psalmos", in: J.-P. Migne (Hg.), *ΤΟΥ ΕΝ ΑΓΙΟΙΣ ΠΑΤΡΟΣ ΗΜΩΝ ΒΑΣΙΛΕΙΟΥ ΑΡΧΙΕΠΙΣΚΟΠΟΥ ΚΑΙΣΑΡΕΙΑΣ ΚΑΠΠΑΔΟΚΙΑΣ ΤΑ ΕΥΡΙΣΚΟΜΕΝΑ ΠΑΝΤΑ* (Patrologia cursus completus series graeca), Paris 1857.

Basilius von Caesarea, *Homilien zum Hexaemeron* (Die griechischen christlichen Schriftsteller der ersten Jahrhunderte 2), Berlin 1997.

Basilius von Caesarea, *Discorso ai giovani. Oratio ad adolescentes*, Biblioteca Patristica, Bd. 3, hg. v. Mario Naldini, Florenz 1984.

Bauer, Joachim, *Arbeit. Warum unser Glück von ihr abhängt und wie sie uns krank macht*, München 2013.

Bauer, Joachim, *Selbststeuerung. Die Wiederentdeckung des freien Willens*, München 2015.

Beck, Ulrich, *Risikogesellschaft. Auf dem Weg in eine andere Moderne*, Frankfurt a. M. 1986.

Benjamin, Walter, *Über den Begriff der Geschichte* (Werke und Nachlaß 19), (Werke und Nachlaß 19), hg. v. Gérard Raulet, Berlin 2010.

Berger, Peter A., „Klassen und Klassifikationen. Zur „neuen Unübersichtlichkeit" in der sozipölogischen Ungleichheitsdiskussion", in: *Klassen und Klassifikationen* 39,1 198759–85.

Berlin, Isaiah, *Liberty. Incorporating four essays on liberty*, hg. v. Henry Hardy u. Ian Harris, Oxford 2002.

Bloch, Ernst, *Prinzip Hoffnung*, Frankfurt a. M. 1982.

Blumenberg, Hans, „Nachdenklichkeit. Dankrede", in: *Jahrbuch der deutschen Akademie für Sprache und Dichtung* (1980), 57–61.

Blumenberg, Hans, *Die Sorge geht über den Fluß*, Frankfurt a. M. 1987.

Bolte, Karl Martin u. Hradil, Stefan, *Soziale Ungleichheit in der Bundesrepublik Deutschland*, Opladen 1984.

Bourdieu, Pierre, *Meditationen. Zur Kritik der scholastischen Vernunft*, Frankfurt a. M. 2004.

Bröckling, Ulrich, *Das unternehmerische Selbst. Soziologie einer Subjektivierungsform*, Frankfurt a. M. 2007.

Burzan, Nicole, *Soziale Ungleichheit. Eine Einführung in die zentralen Theorien*, 3., überarb. Aufl., Wiesbaden 2007.

Carlson, E. N., „Overcoming the Barriers to Self-Knowledge: Mindfulness as a Path to Seeing Yourself as You Really Are", in: *Perspectives on Psychological Science* 8,2 (2013), 173–186.

Debord, Guy, *Die Gesellschaft des Spektakels*, übers. v. Jean-Jacques Raspaud, Hamburg 1978.

Elias, Norbert, *Über die Zeit*, hg. v. Michael Schröter u. Holger Fliessbach, Frankfurt a. M. 2005.

Figal, Günter, „Muße als Forschungsgegenstand", in: *Muße. Ein Magazin* http://mussemagazin.de/?p=530 (abgerufen am 07.06. 2015).

Figal, Günter, *Unwillkürlichkeit. Essays über Kunst und Leben*, Freiburg 2016.

Figal, Günter, *Martin Heidegger. Phänomenologie der Freiheit*, 4. Aufl., Tübingen 2013.

Figal, Günter, *Gegenständlichkeit. Das Hermeneutische und die Philosophie*, Tübingen 2006.

Figal, Günter, *Unscheinbarkeit. Der Raum der Phänomenologie*, Tübingen 2015.

Figal, Günter u. Keiling, Tobias, „Das raumtheoretische Dreieck. Zu Differenzierungen eines phänomenologischen Raumbegriffs“, in: Günter Figal/Hans W. Hubert/Thomas Klinkert (Hg.), *Die Raumzeitlichkeit der Muße*, Tübingen 2016, 9–28.

Gemoll, Wilhelm u. Vretska, Karl, *Gemoll. Griechisch-deutsches Schul- und Handwörterbuch*, 10., neu bearb. Aufl., München 2014.

Gershuny, Jonathan, „Veblen in Reverse. Evidence form the Multinational Time-Use Archive“, in: *Social Indicators Research* 93,1 (2009), 37–45.

Glatzer, Wolfgang, Zapf, Wolfgang u. Berger-Schmitt, Regina, *Lebensqualität in der Bundesrepublik. Objektive Lebensbedingungen und subjektives Wohlbefinden*, Frankfurt a.M./New York 1984.

Goldschmidt, Nils u. Lenger, Alexander, „Teilhabe und Befähigung als Schlüsselelemente einer modernen Ordnungsethik“, in: *Zeitschrift für Wirtschafts-und Unternehmensethik* 12,2 (2011), 295–313.

Gotink, Rinske A., Chu, Paula, Busschbach, Jan J.V. u.a., „Standardised Mindfulness-Based Interventions in Healthcare: An Overview of Systematic Reviews and Meta-Analyses of RCTs“, in: *PLoS ONE* 10,4 (2015) (PMID: 25881019PMCID: PMC4400080).

Grimm, Jacob u. Grimm, Wilhelm, „Musze“, in: *Deutsches Wörterbuch*, Leipzig 1885, 2771–2773.

Gu, Jenny, Strauss, Clara, Bond, Rod u.a., „How do mindfulness-based cognitive therapy and mindfulness-based stress reduction improve mental health and wellbeing? A systematic review and meta-analysis of mediation studies“, in: *Clinical Psychology Review* 37 (2015), 1–12.

Hadot, Pierre, *Die innere Burg. Anleitung zu einer Lektüre Marc Aurels*, Frankfurt a.M. 1997.

Han, Byung-Chul, *Müdigkeitsgesellschaft*, 11. Aufl., Berlin 2015.

Hasebrink, Burkhard / Bernhardt, Susanne / Früh, Imke (Hg.), *Semantik der Gelassenheit. Generierung, Etablierung, Transformation*, Göttingen 2012.

Haugeland, John, „Letting be (2007)", in: Haugeland, *Dasein Disclosed. John Haugeland's Heidegger*, Berlin / Cambridge Mass. 2013, 167–178.

Heidegger, Martin, *Feldweg-Gespräche (1944/45)*, Gesamtausgabe, Bd. 77, hg. v. Ingrid Schüßler, 2., durchges. Aufl., Frankfurt a. M. 2007.

Heidegger, Martin, *Einleitung in die Philosophie*, Gesamtausgabe, Bd. 27, hg. v. Otto Saame u. Ina Saame-Speidel, 2., durchges. Aufl., Frankfurt a. M. 2001.

Heidegger, Martin, *Gelassenheit*, 3. Aufl., Pfullingen 1959.

Hölzel, Britta / Brähler, Christine (Hg.), *Achtsamkeit mitten im Leben. Anwendungsgebiete und wissenschaftliche Perspektiven*, München 2015.

Hölzel, Britta K., Lazar, Sara W., Gard, Tim u. a., „How Does Mindfulness Meditation Work? Proposing Mechanisms of Action From a Conceptual and Neural Perspective", in: *Perspectives on Psychological Science* 6,6 (2011) (PMID: 26168376), 537–559.

Hookway, Christopher, *Truth, rationality, and pragmatism. Themes from Peirce*, Oxford 2002.

Horkheimer, Max u. Adorno, Theodor W., *Dialektik der Aufklärung. Philosophische Fragmente*, Frankfurt a. M. 1969.

Horney, Karen, *Neurosis and human growth. The struggle toward self-realization*, New York 1991.

Horney, Karen, *Our inner conflicts. A constructive theory of neurosis*, New York 1992.

Hradil, Stefan, *Die Sozialstruktur Deutschlands im internationalen Vergleich*, 2. Aufl., Wiesbaden 2006.

Hühn, Lore, „Der Wille, der nichts will. Zum Paradox negativer Freiheit bei Schelling und Schopenhauer", in: Lore Hühn / Philipp Schwab (Hg.), *Die Ethik Arthur Schopenhauers im Ausgang vom deutschen Idealismus (Fichte / Schelling)*, Würzburg 2006, 149–160.

Husserl, Edmund, *Cartesianische Meditationen und Pariser Vorträge* (Husserliana 1), Den Haag 1950.

Jäckel, Michael, *Zeitzeichen. Einblicke in den Rhythmus der Gesellschaft*, Weinheim 2012.

Jahoda, Marie, Lazarsfeld, Paul F. u. Zeisel, Hans, *Die Arbeitslosen von Marienthal. Ein soziographischer Versuch über die Wirkungen langandauernder Arbeitslosigkeit*, 20. Aufl., Frankfurt a. M. 2007.

Kabat-Zinn, Jon, *Coming to our senses. Healing ourselves and the world through mindfulness*, New York 2005.

Kabat-Zinn, Jon, *Gesund durch Meditation. Das grosse Buch der Selbstheilung*, 7. Aufl., München 2001.

Kaltwasser, Vera / Hurrelmann, Klaus (Hg.), *Achtsamkeit in der Schule. Stille-Inseln im Unterricht: Entspannung und Konzentration*, Weinheim 2008.

Kant, Immanuel, *Kritk der Urteilskraft*, Kants Gesammelte Schriften, Bd. V, hg. v. Berlin-Brandenburgische Akademie der Wissenschaften, Berlin 1912.

Keiling, Tobias, „Glossar: Muße“, http://mussemagazin.de/?p=546 (abgerufen am 23.10.2015).

Keiling, Tobias, „Logische und andere Räume. Wittgenstein und Blumenberg über Unbestimmtheit“, in: *Deutsche Zeitschrift für Philosophie* (im Erscheinen).

Keiling, Tobias, „The pleasure of the Non-Conceptual. Theory, Leisure and Happiness in Hans Blumenberg's Philosophical Anthropology“, in: *SATS. Northern European Journal of Philosophy* (im Erscheinen).

Konersmann, Ralf, *Die Unruhe der Welt*, Frankfurt a. M. 2015.

Krebs, Angelika, *Arbeit und Liebe. Die philosophischen Grundlagen sozialer Gerechtigkeit*, Frankfurt a. M. 2002.

Lenger, Alexander / Schneickert, Christian / Schumacher, Florian (Hg.), *Pierre Bourdieus Konzeption des Habitus. Grundlagen, Zugänge, Forschungsperspektiven*, Wiesbaden 2013.

Linder, Staffan Burenstam, *The harried leisure class*, New York 1970.

Lüdtke, Hartmut, *Freizeitsoziologie. Arbeiten über temporale Muster, Sport, Musik, Bildung und soziale Probleme*, Münster 2001.

Marx, Karl, *Theorien über den Mehrwert III* (Marx-Engels-Werke 26.3), Berlin 1968.

Mittelstraß, Jürgen, „Interdisziplinarität oder Transdisziplinarität?“, in: Mittelstraß, *Die Häuser des Wissens. Wissenschaftstheoretische Studien*, Frankfurt a. M. 1998, 29–48.

Müller, Hans-Peter, *Sozialstruktur und Lebensstile. Der neuere theoretische Diskurs über soziale Ungleichheit*, 2. Aufl., Frankfurt a. M. 1993.

Nahrstedt, Wolfgang, *Die Entstehung der Freizeit dargestellt am Beispiel Hamburgs: ein Beitrag zur Strukturgeschichte und zur strukturgeschichtlichen Grundlegung der Freizeitpädagogik*, Göttingen 1972.

Oevermann, Ulrich, „Krise und Muße. Struktureigenschaften ästhetischer Erfahrung aus soziologischer Sicht", (1996), http://nbn-resolving.de/urn:nbn:de:hebis:30–5359 (Vortrag am 19.6.1996 in der Städel-Schule).

Olson, Matthew H. u. Hergenhahn, B. R., *An Introduction to Theories of Personality*, Upper Saddle River 2010.

Pieper, Josef, *Muße und Kult*, München 1948.

Platon, *Platonis Opera*, hg. v. John Burnet, Oxford 1900–1907.

Plotinus, *Ennead III*, übers. v. A. H. Armstrong, Cambridge, Mass. 2006 (Reprint with corrections).

Plotinus, *Ennead II*, übers. v. A. H. Armstrong, Cambridge, Mass. 2007.

Prahl, Hans-Werner, „Soziologie der Freizeit", in: Georg Kneer / Markus Schroer (Hg.), *Handbuch Spezielle Soziologien*, Wiesbaden 2010, 405–420.

Ramsay, Hayden, *Reclaiming leisure. Art, sport, and philosophy*, New York u. a. 2005.

Reckwitz, Andreas, *Die Erfindung der Kreativität. Zum Prozess gesellschaftlicher Ästhetisierung*, Berlin 2011.

Rogers, Carl R., *Client-centered therapy. Its current practice, implications, and theory*, Boston, Mass. 1951.

Rosa, Hartmut, *Beschleunigung. Die Veränderung der Zeitstrukturen in der Moderne*, Frankfurt a. M. 2005.

Russell, Bertrand, „In Praise of Idleness", in: Russell, *In Praise of Idleness and Other Essays*, London / New York 2004, 1–15.

Russell, Bertrand, „Lob des Müßiggangs", in: Russell, *Lob des Müßiggangs*, München 2002, 9–31.

Ryan, Richard M. u. Deci, Edward L., „Self-determination theory and the facilitation of intrinsic motivation, social development, and well-being", in: *American Psychologist* 55,1 (2000), 68–78.

Schelling, F. W. J., *Die Weltalter. Fragmente*, hg. v. Manfred Schröter, München 1946.

Schelling, F. W. J., *Initia philosophiae universae. Erlanger Vorlesung WS 1820/21*, hg. v. Horst Fuhrmans, Bonn 1969.

Schmidt, Stefan, „‚Achtsamkeit'. Ein buddhistisches Konzept erobert die moderne Gesundheitsforschung", in: *Freiburger Universitätsblätter* 102 (2013), 107–126.

Schmidt, Stefan, „Was ist Achtsamkeit? Herkunft, Praxis und Konzeption", in: *Sucht*, 60/1 201413–19.

Schmidt, Stefan, „Achtsamkeit und gesunde Lebensführung", in: Hans-Wolfgang Hoefert / Christoph Klotter (Hg.), *Gesunde Lebensführung. Kritische Analyse eines populären Konzepts*, Bern 2011, 192–208.

Schmidt, Stefan, „Der Weg der Achtsamkeit. Vom historischen Buddhismus zur modernen Bewusstseinskultur", in: Britta Hölzel / Christine Brähler (Hg.), *Achtsamkeit mitten im Leben. Anwendungsgebiete und wissenschaftliche Perspektiven*, München 2015, 21–42.

Schmidt, Stefan, „Vom Meditieren in der beschleunigten Leistungsgesellschaft. Kulturveränderung oder Konsumprodukt?", in: *Buddhismus aktuell* 2 (2015) (Im Gespräch: S. Schmidt), 22–25.

Schmitt, Carl, *Politische Theologie. Vier Kapitel zur Souveränität*, Berlin 1993.

Schulze, Gerhard, *Die Erlebnis-Gesellschaft. Kultursoziologie der Gegenwart*, 2. Aufl., Frankfurt a. M. 1992.

Seneca, Lucius Annaeus, *Von der Gelassenheit*, übers. v. Bernhard Zimmermann, München 2010.

Shapiro, Shauna L., Carlson, Linda E., Astin, John A. u. a., „Mechanisms of Mindfulness", in: *Journal of Clinical Psychology* 62,3 (2006), 373–386.

Stern, Nicole, „Achtsamkeit im Berufsalltag", in: Britta Hölzel / Christine Brähler (Hg.), *Achtsamkeit mitten im Leben. Anwendungsgebiete und wissenschaftliche Perspektiven*, München 2015, 243–272.

Strässle, Thomas, *Gelassenheit. Über eine andere Haltung zur Welt*, München 2013.

Thompson, Edward P., „Zeit, Arbeitsdisziplin und Industriekapitalismus", in: Rudolf Braun u. a. (Hg.), *Gesellschaft in der industriellen Revolution*, Köln 1973, 81–112.

Veblen, Thorstein, *Theorie der feinen Leute. Eine ökonomische Untersuchung der Institutionen*, 6. Aufl., Frankfurt a. M. 2011.

Voß, Gert Günter u. Pongratz, Hans J., „Der Arbeitskraftunternehmer. Eine neue Grundform der Ware Arbeitskraft?“, in: *Kölner Zeitschrift für Soziologie und Sozialpsychologie* 50,1 (1998), 131–158.

Walach, Harald, Nord, Eva, Zier, Claudia u. a., „Mindfulness-based stress reduction as a method for personnel development: A pilot evaluation.“, in: *International Journal of Stress Management* 14,2 (2007), 188–198.

Waters, Lea, Barsky, Adam, Ridd, Amanda u. a., „Contemplative Education. A Systematic, Evidence-Based Review of the effect of Meditation Interventions in Schools“, in: *Educational Psychology Review* 27,1 (2014), 103–134.

Weber, Max, *Die protestantische Ethik und der Geist des Kapitalismus* (Beck'sche Reihe 1614), hg. v. Dirk Kaesler, 3., durchges. Aufl., München 2010.

Wilensky, Harold L., „The Uneven Distribution of Leisure. The Impact of Economic Growth on ‚Free Time'“, in: *Social Problems* 9,1 (1961), 32–56.

Wittgenstein, Ludwig, *Philosophische Untersuchungen* (Werkausgabe 1), 13. Aufl., Frankfurt a. M. 2000.

Zelazo, Philip David u. Lyons, Kristen E., „The Potential Benefits of Mindfulness Training in Early Childhood. A Developmental Social Cognitive Neuroscience Perspective“, in: *Child Development Perspectives* 6,2 (2012).

Zenner, Charlotte, Herrnleben-Kurz, Solveig u. Walach, Harald, „Mindfulness-based interventions in school. A systematic review and meta-analysis“, in: *Frontiers in Psychology* 5 (2014) (PMID: 25071620PMCID: PMC4075476).

Der große Duden. Rechtschreibung der deutschen Sprache und der Fremdwörter nach den für Deutschland, Österreich und die Schweiz gültigen amtlichen Regeln, hg. v. Theodor Matthias, 10. Aufl., Leipzig 1929.